IJS 서울대학교 일본연구소
Reading Japan 21

일본 정치의
우경화

日本政治の右傾化

저 자 : 나카노 고이치(中野晃一)

역 자 : 고대성

제이앤씨
Publishing Company

본 저서는 정부(교육과학기술부)의 재원으로 한국연구재단의 지원을 받아 출판되었음(NRF-2008-362-B00006).

책 을 내 면 서

　　서울대 일본연구소는 국내외 저명한 연구자와 다양한 분야의 전문가를 초청하여 각종 강연회와 연구회를 개최하고 있습니다. 〈리딩재팬〉은 그 성과를 정리하고 기록한 시리즈입니다.

　　〈리딩재팬〉은 현대 일본의 정치, 외교, 경영, 경제, 역사, 사회, 문화 등에 걸친 현재적 쟁점들을 글로벌한 문제의식 속에서 알기 쉽게 풀어내고자 노력합니다. 일본 연구의 다양한 주제를 확산시키고, 사회적 소통을 넓혀 나가는 자리에 〈리딩재팬〉이 함께하겠습니다.

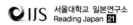

서울대학교 일본연구소
Reading Japan 21

차 례

서울대학교 일본연구소
Reading Japan 21

강연록

● 일본의 우경화는 이것으로 끝나지 않을 것
● 입니다. 구조적으로 자민당 안에 우익 정치
● 가가 늘어나 있고 그들이 지금 주류가 되어
버렸기 때문입니다.

저는 우경화는 일본에서만 일어나고 있는
현상이 아니라고 생각합니다. 이러한 우경
화의 흐름, 즉 내셔널리즘과 개혁 노선을
같이 추진하는 것은 세계 여러 곳에서 일어
나고 있으며, 서로가 서로를 필요로 합니
다. 낙관할 수 없는 이런 상황은 유감스럽
게도 얼마간 계속될 것이라고 생각합니다.

일본 정치의 우경화

나카노 고이치
(中野晃一)

박철희 소장 : 194회 일본 전문가 초청 세미나를 시작하겠습니다. 보통은 신진 연구자나 한국에 아직 소개되지 않은 연구자의 세미나를 하지만, 오늘은 특별히 일본에서도 가장 바쁜 선생님을 모셨습니다. 바쁜 스케줄에도 불구하고 이렇게 서울대학교에 와 주셔서 감사합니다. 〈일본정치의 우경화〉라는 제목에 대해서 말씀을 드리자면 우경화라는 말은 한국에서는 자주 쓰이지만 일본에서는 그다지 쓰이지 않는 말입니다. 일본의 리버럴파 선생님들과 이야기를 해봐도 "보수화하고는 있지만 우경화하고 있지는 않습니다"라고 하니까요. 그런 가운데 나카노 선생님이 『우경화하는 일본정치』라는 책을 내신 것이 굉장히 자극적인데 제가 이렇게 푹 빠져서 책을 읽은 것

은 매우 오랜만입니다.

나카노 선생님의 책은 그만큼 제가 주목해서 읽고 있는 책입니다. 또한 선생님은 〈일본재건 이니셔티브(日本再建イニシアティブ, RJIF)〉라는 후나바시 요이치(船橋洋一) 씨가 진행하고 있는 프로젝트에 관여하고 계시며 『「전후보수」는 끝난 것인가』라는 책을 내셨습니다. 젊은 선생님들을 전부 모아서 「전후보수의 흐름을 어떻게 볼 것인가」 하는 연구도 하고 계시는데 굉장히 명쾌하고 이해하기 쉬운 말씀을 하고 계십니다. 나카노 선생님은 도쿄대학을 나와 영국 옥스퍼드대학에서 공부한 뒤, 미국 스탠퍼드대학에서 박사학위를 받은 대단한 국제파 선생님이시고 학문적인 수준도 높은 분이십니다. 뉴욕타임스나 BBC, 일본의 미디어에서도 논설을 내고 계시고 실제로 연구한 내용을 살려서 리버럴한 사회 운동도 전개하고 계십니다. '입헌 데모크라시 모임(立憲デモクラシーの会)', '안보관련법에 반대하는 학자 모임(安保関連法に反対する学者の会)' 등에 참여하고 계시고 핵심 멤버이시기도합니다. 나카노 선생님은 리버럴 정치 운동의 혁신적인 핵심 멤버이시므로 오늘 이렇게 선생님을 초대하여 이야기를 들을 수 있어서 정말 행운이라고 생각합니다.

〈강연〉

박 선생님 감사합니다. 여러분 안녕하세요. 오늘 이런 기회를 얻게 돼서 기쁘고 영광입니다. 최근에는 본업인 정치학보다도 강연 등으로 인해 바쁜 것 같습니다. 일본정치의 우경화에 대해서는 10년 전인 고이즈미 준이치로(小泉純一郎) 정권 때부터 어딘가 모르게 크게 잘못되어가고 있다는 생각이 들어 제 나름대로 연구를 하고 있습니다. 아베 신조(安倍晋三) 총리가 다시 정권을 잡고 나서는 정말 이건 일이 잘못되어 가고 있는 게 아닌가 생각하여 앞서 소개받은 『우경화하는 일본정치』라는 책을 냈습니다. '우경화'라는 단어를 책 제목으로 쓴다는 것은 다소 용기가 필요한 일입니다. 출판사가 이와나미쇼텐(岩波書店)이었기 때문에 문제가 되지는 않았지만 타 출판사에서는 그다지 사용하고 싶어 하지 않는 단어입니다. 이런 상황 역시 우경화하고 있는 사회를 나타내고 있는 게 아닌가 합니다.

저 자신은 얼버무리지 않고 분명하게 우경화라는 말을 사용하고 있습니다. 우경화에는 여러 가지 다른 차원이 있습니다. 전통적으로 프랑스혁명 이후 우와 좌라고 할 때에는 평등을 지향하는지, 권위주의적으로서 경제도 포함하여 사회를 수직적으로 보는지, 아니면 가능한 한 수평적으로 보는지의 차이를 들 수 있습니다. 일본의 경우에는 특수한 전후(戰後) 상황에서 평화주의인지 재군비 노선인지도 들 수 있습니다. 그 외에 한국이나 중국 등의 인근 국가, 일본의 침략전쟁의 피해를 입은 아시아 국가들과의 화해를 지향하는가, 아니면 역사를 고쳐 쓰는 쪽을 지향할 것인가 하는 식으로 몇 가지의 다른 차원이 있습니다. 저는 이러한 네 국면에서 보고 있는데 경제적인 빈부 차의 확대, 개인의 권리를 중시할 것인지, 국가의 권리를 중시할 것인지, 평화인지, 재군비인지, 또한 인근 국가들과의 화해를 지향할 것인지, 역사수정주의인지, 이 네 가지 축에서 보아도 모든 경우에 우경화하고 있다고 생각합니다. 우경화는 아베 총리가 2012년 12월에 다시 총리가 된 뒤부터 급격하게 시작된 것이 아니라 보다 긴 기간을 두고 진행되어 왔습니다. 지금까지 반자유·권위주의적인 정치로 바뀌어 온 것이 사실은 정치가 자유화하는 흐름 속에서 나오고 만 것이라는 그런 얄궂은 현실도 존재한다는 생각이 듭니다. 강연은 시간 축을 따라가는 형태로 이야기를 하고 특히 후반에는 제2차 아베 정권 이후의 상황에 대하여 다시 한 번 다루고 싶습니다.

1. 신/자유주의적인 '국제협조주의'
(1970년대 말~1990년대 중반)

일본뿐만이 아니라 중국에서도 마오쩌둥(毛澤東), 저우언라이(周恩來)가 연이어 사망하고 덩샤오핑(鄧小平)치하에서 시장 개방 노선으로 향해 갔습니다. 그리고 한국에서도 군정에서 민주화로 향하는 흐름이 특히 1980년대 이후 강해져 가는데, 말하자면 냉전의 끝자락이라 할 수 있겠지요. 1980년대 소련에서는 고르바초프가 페레스트로이카를 추진하는 흐름 속에서 일본에서도 1970년대 말부터 1980년대에 걸쳐 정치가 자유화해 가는 흐름이 시작되었다고 인식하고 있습니다. 경제성장을 거쳐 미국의 지위가 일본과 비교하여 상대적으로 저하하는 가운데 일본이 보다 큰 역할을 담당해야 한다는 사고방식이 퍼졌는데, 그에 따르면 미국을 중심으로 한 서방의 질서 안에서 일본이 외교나 다른 분야에서도 적극적으로 임하는 편이 좋다는 이야기가 됩니다. 여기서 오히라 마사요시(大平正芳) 총리의 표현으로는 "경제협력, 문화외교 등 필요한 외교 노력을 강화하여 종합적으로 우리나라의 안전을 꾀하고자 한다"는 비군사면의 외교를 강조하는 '종합안전보장전략'을 계승하고 있습니다. 나카소네 야스히로(中曽根康弘) 총리도 그 후 기본적으로 비슷한 표현을 계승하여 외교를 전개해 나갔습니다. 그러나 그의 경우에는 아마 한국에서도 논쟁의 대상이 되었겠지만 매파 총리로서의 면모도 가지고 있었습니다. 일면 국제협조적인 리버럴한 대처를 포함하여 국제사회에 개방해 나가려는 정치성이 있는 한편, 1985년 8월 15일 종전기념일에 총리로서는 처음으로 야스쿠니신사(靖国神社)를 공식 참배하는 등 좀처럼 단순하게는 논할 수 없는 사람이었습니다. 그러나 그러한 형태로 외교 정책을 전개하여 일본은 미국을 보좌하면서 동시에 국제협조도 꾀한다는 자기 나름대로의 외교 정책을 취해 나갈 것을 표방하였습니다. 이는 미국을 보좌하면서 아시아와의 화해도 지향해 가는 것으로 1970년대 후반과 특히 1980년대에는 동아시아에서 자유화·민주화의 흐름이 강해져 가는 가운데 일본은 어떤 입장에 있는가, 어떻게 인근 국가나 미국과 관계를 맺을 것인가, 또는 어떻게 국제사회 속에서의 지위를 발전시켜 나갈 것인가 하는 논의가 굉장히 활발해졌습니다. 그리고 1985년의 플라자 합의(Plaza Accord)나 우루과이 라운드(Uruguay Round)와 같이 통화·경제면에서도 국제 협조를 해 나가려는 흐름이 있었습니다. 또한 지금 생각하면 상당히 시대가 바뀐 느낌이 들지만, 천안문 사건에 대한 대응에서도 일본도 서방 국가들과 함께 중국에 대해 경제제재를 가한다는 면에서 협조는 했지만 당시 자민당 정권 수뇌부는 "일본과 중국의 관계는 서방 국가들과 중국의 관계와는 다르다. 전쟁 침략이라는 과거가 있으니까. 어찌 되었든 이웃이니까"라고 하여 결국은 금방 경제제재를 해제했습니다. 이렇게 당시 중국을 고립시켜서는 안 된다는 움직임을 가장 먼저 취한 것은 일본이었고 유럽이나 미국 쪽이 보다 강경한 자세를 취했습니다. 중국을 고립시키지 않고 중국과 국제사회의 가교 역할을 할 수 있는 것은 일본뿐이라는 인식이 그 시절에는 보수 정치가들에겐 있었고 지금 생각하면 좀처럼 상상하기 어려운 변화라고 생각합니다.

군사면에서는 걸프전쟁(Gulf War)을 맞아 미국을 중심으로 한 국제사회가 일본도 국제 공헌을 하라는 압력을 넣자 이에 대한 대응으로 실현된 것이 PKO 법안입니다. 여기에는 두 가지 측면이 있는데 우선 미야자와 기이치(宮澤喜一) 총리 등 당시 자민당에서 비교적 리버럴한 지도층이 일본은 이 정도밖에 할 수 없다는 의식을 가지고 추진한 면이 있었다고 생각합니다. 한편, 오자와 이치로(小沢一郎) 씨나 지금 아베 총리의 브레인인 기타오카 신이치(北岡伸一) 씨같이 보다 더 우파 쪽으로 기울어진 사람들은 PKO 법은 어디까지나 앞으로 일본이 자위대를 해외에 더 파견할 수 있게 하기 위한 입구에 불과하다고 평가했습니다. 하나의 법률을 놓고 같은 보수층인 자민당 정권 안에서도 상당히 다른 인식이 있었다고 생각합니다. 결과적으로는 미야자와 총리가 생각했듯이 "이 것은 끝"이라기보다는 "입구"가 되었다는 점에서 후자 진영 쪽이 최종적으로 주도권을 가졌다고 할 수 있습니다. 자유 화·민주화 흐름 속에서 역사 인식의 문제에 관하여 1991년 에 김학순(金學順) 씨가 위안부 피해자로서 처음으로 텔레비 전에 나와 자신의 존재를 밝혀서 문제가 되었고 그에 대해 뒤늦게나마 외무성 측에서 대응하여 1993년에 '고노담화(河 野談話)'가 나왔습니다. 고노담화는 지금까지도 일본인에게 는 굉장한 논쟁의 표적이 되고 있습니다. 그 배경으로서 당시 자민당에는 전체적인 흐름으로서 온건 보수·리버럴이라고 해도 될 사람도 포함하여 비교적 중도적이고 온건한 사람이 상당히 많았다고 할 수 있습니다.

미야자와 기이치, 고노 요헤이(河野洋平), 가토 고이치 (加藤紘一), 노나카 히로무(野中広務), 그리고 미야자와 이전 에 총리를 역임한 다케시타 노보루(竹下登), 가이후 도시키 (海部俊樹) 등도 그렇습니다만, 이런 시대에는 기본적으로 매파는 존재하기는 하지만 정권의 중추에는 들어가지 못하 는 상황이었습니다. 나카소네 총리도 그 자신은 매파이지만 당시 관방장관으로서 정권을 지휘한 것은 고토다 마사하루 (後藤田正晴) 씨였습니다. 고토다 씨는 다나카 가쿠에이(田 中角榮) 파벌에 속하며 나카소네 총리의 내무성 시절 선배였기 때문에 나카소네 총리에게는 대하기 어려운 존재였습니다. 나카소네 총리가 꽤나 적극적으로 미일 동맹을 강화하고 싶다든지 야스쿠니 참배를 추진하고 싶다고 한 것에 대하여 비둘기파인 고토다 씨는 정권 내부에서 반대하고 브레이크를 걸었습니다. 또한 이 단계에서는 경제적으로도 신자유주의 정책, 작은 정부 노선, 고이즈미 총리의 구조개혁 노선으로 이어지는 신자유주의 정책을 시작했지만, 그래도 어디까지나 온건보수의 틀 안에 있던 것이 당시 상황이었습니다. 그런 상황이기는 했지만 여하튼 고노 담화가 나왔을 때는 미야자와 자민당이 이미 선거에서 패배하여 호소카와 모리히로 (細川護熙) 정권이 탄생하기 직전으로 38년 만에 처음으로 자민당의 정권 상실이 결정된 단계였습니다. 완전히 레임덕 상태가 된 미야자와 내각에서 고노담화가 나오고 곧 미야자와 정권은 무너졌습니다. 1993년 미야자와 총리가 패배한 이 선거에서 아베 총리가 처음으로 중의원에 당선되었습니다. 아베 총리는 자민당의 정치가로서는 드물게 자민당이 야당이 된 순간에 데뷔했는데, 당선이 결정된 그 순간에 무너져가는 정권이 고노담화를 내놓고는 사라진 것입니다. 그의 입장에서 본다면 용서하기 어려운 것으로 '화재현장의 도둑(火事場泥棒)' 같이 혼란스러운 틈을 타서 고노담화를 내놓고 사라지고 말았다는 식의 인식이 아마 지금까지도 상당히 강한

모양입니다. 이것이 아베 총리의 정치가로서의 출발점이고 나중에 "일본을 되찾는다(日本を取り戻す)"는 식의 피해의식과 같은 음침한 정념은 이런 부분에서 기인한 것이 아닌가 합니다. 곧 자민당은 사회당 당수 무라야마 도미이치(村山富市) 씨를 수상으로 세워 정권을 다시 잡습니다. 이때도 사회당과 사키가케(さきがけ)라는 상당히 리버럴한 소정당과 함께했으므로 자민당 안의 온건파가 주도권을 쥐고 연립정권을 만들었습니다. 1990년 중반 무라야마 정권이 끝날 때까지는 자유주의적 혹은 신자유주의적인 두 측면을 다 가지고 있었는데 종래 일본정치보다 비교적 더 개방적이고 국제협조를 주장하면서 일본의 평화주의 전통을 소중히 여기고자 하는 흐름이 있었다고 할 수 있겠습니다.

2. 복고적 국가주의의 고양과 국제협조주의의 쇠퇴(1990년대 후반)

1990년대 후반에 큰 변화가 시작됩니다. 표면상으로는 변했다는 것을 알아채기 어려웠기 때문에 1996년 단계에서는 설마 20년 후의 자민당이 이렇게 되어 있을 것이라고는 생각하지 못했습니다. 수면 아래에서부터 서서히 변화가 일어났고 그것이 고이즈미 정권 하에서 보이기 시작했다고 할 수 있습니다. 무라야마 총리가 퇴진하고 자민당의 하시모토 류타로(橋本龍太郎) 총리로 바통 터치를 합니다. 처음에는 자민당, 사회당, 사키가케 연립정권으로 시작했지만 그 뒤 자민당 단독 정권이 되었으며 수상이 하시모토 총리에서 오부치 게이조(小渕恵三) 총리로 바뀌고 지금까지 이어지는 공명당과의 연립정권을 모색해 나가는 흐름입니다. 다만 하시모토 총리, 오부치 총리, 또는 연립 상대가 사회당과 사키가케에서 공명당으로 바뀌는 틀의 흐름만으로 우경화한다는 식으로는 간주할 수 없습니다. 톱(top) 층을 살펴보면 하시모토 총리는 상당히 내셔널리스틱한 부분이 있다고 여겨지기는 했지만 러시아와의 관계나 오키나와에 대한 것을 보면 상당히 다면적인 외교 정책을 가지고 있던 수상이었습니다. 하시모토 총리는 야스쿠니 참배를 한차례 했지만 비판을 받고 나서 다음 해부터는 그만두는 것으로 일단 타협할 줄은 아는 사람이었습니다. 하시모토 총리는 다나카파로서 전후 보수의 본류를 이어받고 있는 사람이었고 오부치 총리도 마찬가지였습니다. 그 후 모리 요시로(森喜朗) 총리로 바뀌었는데 그는 기시 노부스케(岸信介), 후쿠다 야스오(福田康夫), 아베 총리로 이어지는 파벌입니다. 말하는 것은 난폭하고 우익적인 부분도 있었지만 정책면에선 그다지 돌출된 일은 하지 않았습니다. 그에 의해서 크게 변한 것은 없었습니다. 그런 의

미에서는 1990년대 후반의 지도층을 보면 온건한 상태가 아직 이어지고 있었던 것처럼 보이지만 배후에서는 큰 변화가 전개되었습니다. 일단 재군비 노선부터 말하자면 PKO 법을 만들기는 했지만 이것은 그 뒤 한국의 김대중 정권에서도 있었던 문제의식이라고 생각합니다. "미국이 동아시아로부터 철수해 버리면 어떡해야 하는가? 냉전은 끝났지만 동아시아에는 중국이나 북한이 있으므로 냉전이 반드시 끝났다고는 할 수 없는 상황인데 그런 가운데 동아시아에서 미군의 군사적 영향력(presence)이 저하되어 버리면 곤란한 것이 아닌가" 하는 의식이 한일 양국에 모두 있었던 것으로 여겨집니다. 무라야마 총리는 사회당이기 때문에 미일안보 강화는 불가능했지만 하시모토 총리로 바뀌자마자 미일안보를 강화하는 방향으로 순조롭게 전개되어 갔습니다. '미일안전보장공동선언'을 시작으로 특히 한반도 유사시와 대만 유사시와 같이 주변에서 긴급 상황이 일어났을 경우 어떻게 할 것인가 하는 문제로 "미국을 여기에 머무르게 하자", "우리만 내버려두지 않게 하자", "일본이 할 수 있는 일을 늘리자"는 식의 정책을 취하게 된 것입니다. 그러나 외교 정책면에서 말하면 앞서 말씀드렸다시피 하시모토 총리로서는 오부치 씨와 김대중 씨의 관계가 있었고 모리 총리로서도 옐친과의 관계가 있었으므로 일본의 외교는 이때까지는 비교적 다면적이었다고 생각합니다. 그러나 그런 가운데에서도 실은 미일 동맹의 강화가 진행되고 있었습니다.

더욱 분명하게 수면 아래에 있었던 것은 역사수정주의 문제, 역사인식 문제의 반동(backlash)이 시작되었다는 것입니다. 일본의 우파 정치가는 아베 총리 등 전후(戰後)에 출생한 포스트 냉전 정치가를 중심으로 세대교체를 했습니다. 실제로 전쟁체험이 있는 우파 정치가가 자민당에도 있었지만 좀처럼 주류가 될 수 없었습니다. 그런 사람을 중심으로 삼으면 정권 기반이 흔들려 버리기 때문에 그러한 일은 피하려 했습니다. 아마도 한국에서도 자주 뉴스가 되었을 텐데 1980년대와 1990년대 중반까지는 대신이나 정당 간부가 "한국이 부탁하니까 병합해주었다"라든지, "식민지 지배는 하지 않았다"라든지, "남경대학살은 없었다"라든지, "위안부는 매춘부다"라는 식의 발언을 하면 대소동이 벌어졌고 그 경우에는 반드시 사임이나 경질로 이어졌습니다. 일본의 평판에 충격이 크기는 했지만, 전체적으로 비교적 리버럴하고 온건한 지도층 속에서는 내셔널리스트인 정치가가 대신 직에 있다가 폭언을 내뱉어 버려도 주위에서 받쳐주지 않으므로 사임을 하게 됩니다. 물론 정부의 요직에 있는 사람이 그런 말을 해 버리기 때문에 일본은 정말 사과할 생각이 있는 것인가 하는 비판을 받습니다. 이런 일을 반복해 왔던 것입니다. 그러나

1996년과 1997년 즈음부터 우익계 정치가나 미디어·시민운동이 그때까지와는 다른 전략을 취하기 시작했습니다. 예를 들면 우익 정치가는 혼자서 죽창을 쥐고 돌격했다가 반격을 당하면 사임하는 식이었는데 단결하고 조직화하여 함께 행진하는 모습으로 내실을 기하는 전략을 취하게 되었습니다.

'새로운 역사 교과서를 만드는 모임(新しい歴史教科書をつくる会)'이 1996년 12월에 발족했는데, 실로 지금 보면 정권 중추가 가지고 있는 역사 인식은 여기서 받아들인 부분이 크다고 할 수 있습니다. 당시 일본사회는 특별히 반응하지 않았고 학자들도 진지하게 대처하지 않았습니다. 이는 '새로운 역사 교과서를 만드는 모임'에는 역사가가 없었기 때문입니다. 문학자나 만화가 고바야시 요시노리(小林よしのり) 같은 사람들이 역사 교과서를 만드는 형태이므로 대학에서 제대로 역사를 연구해 온 사람들은 당연한 일이지만 그들에게 관심조차 주지 않았습니다. 이후 이것이 큰 문제가 된 것은 대중문화 쪽으로 침투해버렸기 때문입니다. 1995년부터 컴퓨터와 인터넷이 사회에 보급되기 시작하면서 인터넷이나 대중문화에서 우익적인 역사관이 재생산되고, 그것이 확산되고 퍼져나가 현재에 이르는 문제를 만들어 낸 것입니다. 이에 대해 리버럴파·좌파는 극히 무방비하여 경계심도 위기감도 전혀 없었습니다. 한편, 아베 총리 같은 사람들이나 '일본회의(日本会議)' 또는 '일본의 전도와 역사교육을 생각하는 의원 모임(日本の前途と歴史教育を考える議員の会)'의 젊은 의원들 같은 운동체의 입장에서 볼 때 자민당이 들어가 있는 정권인데도 고노담화, 무라야마 담화가 나온 것은 용서하기 어려운 배신이었습니다. 그래서 이들 새로운 세대는 조금씩 반격을 꾀하며 점차 결속해 갔습니다. 이것을 가속시킨 또 하나의 상황은 정당 정치에 있었는데 당시에는 사회당의 세력이 약해져 있었습니다. 역설적이게도 무라야마 정권에서 사회당은 마지막으로 다시 한 번 정권에 참여했지만, 이것을 끝으로 이후 약소 정당으로 전락해 버리게 됩니다. 사회당은 혁신세력으로서 자민당의 우경화를 막는 브레이크 역할을 했는데, 사회당이 약화되고 이러한 브레이크가 해제되었기 때문에 자민당이 우경화한다고 하는 정당정치의 다이너미즘(dynamism)이 일어난 것입니다.

한편, 1997년에서 1998년까지는 사회당을 대신하여 자민당의 메인 라이벌이 되는 것이 민주당이라는 사실이 분명해져 갔습니다. 그때까지는 오자와 이치로 씨의 신진당이나 민주당이 아직 갓 만들어진 상황이라 앞으로 어떻게 전개될지는 알 수 없는 상태였습니다. 그러나 최종적으로 오자와 씨가 신진당을 해체하고 자민당에 순화(純化) 노선을 취하자 오자와 씨와 함께 활동해온 사람들이 1998년에 민주당에 합

류하여 이 시점에는 민주당이 자민당의 메인 라이벌이라는 사실이 분명해졌습니다. 그래서 자민당은 민주당에 대응하기 위하여 일부러 우경화 노선을 취하게 된 것입니다. 얘기하자 면 민주당을 구성하고 있는 것은 전 사회당, 전 사키가케, 전 자민당 등의 출신들로 다양했습니다. 자민당에서 온 사람은 보수이며 전 민사당 출신 등 상당한 우익 인사들도 있었으므 로 전체로서의 민주당은 외교, 헌법, 안전보장이나 역사인식 등 다양한 부분에서도 의견이 제각기 나뉘어 있었습니다. 자 민당은 민주당을 분열시키기 위하여 오부치 씨가 고의적으 로 추진한 국기·국가법안 같은 우익적인 법률을 내는 것으 로 민주당이 대응할 수 없게 만들었습니다. 전형적인 것이 국 기·국가법안을 만들려고 했을 때 민주당은 반으로 나뉘어 간 나오토(菅直人) 씨는 반대, 하토야마 유키오(鳩山由紀夫) 씨는 찬성하는 형국이었습니다. 자민당은 우익으로 순화(純 化) 하여 민주당을 견제해 나갔습니다. 자민당 쪽에서 보면 민주당은 좌익 집단이므로 정권을 쥐게 해서는 안 되었기 때 문에 점점 더 우익으로 기울어가는 새로운 정당정치의 역학 이 작용했다고 할 수 있겠습니다. 그런 와중에 전후 자민당 정치를 지탱해 온 다나카파의 흐름이나 오히라 등의 흐름이 신용을 잃고 약화되고 쇠퇴하였고, 자민당의 차세대 정치가 중에 우익 정치가가 늘어 갔습니다.

3. 대미추수노선의 확립(2000~2008)

그러한 경향이 크게 진척된 것이 바로 고이즈미 정권 시기입니다. 이것은 실제로 2005년 기자회견에서 말한 내용인데 "미일관계가 긴밀할수록 한국과 중국과의 관계도 좋아진다. 즉, 한국이나 중국과는 독자적인 외교는 할 필요가 없다. 미국과의 관계만 좋으면 나머지는 다 해결된다"라는 발언을 하였고 나중에 해명을 하긴 했지만 그들의 본심이 드러났다고 생각합니다. 미국만 따라가면 그것으로 충분하다는 외교정책의 열화·왜소화가 급속하게 시작되어 그 후 평화주의는 큰 위기에 직면하게 되었습니다. 이는 이라크 전쟁의 흐름 속에서 전개되어 나간 것인데 그중 굉장히 흥미로운 점은 고이즈미 총리가 신자유주의자인데도 야스쿠니에 계속 집착했다는 것입니다. 그는 자신은 딱히 내셔널리스트는 아니지만 자기의 소신 문제이므로 참배한다고 말했습니다. 고이즈미 총리는 가지 말라고 하면 오히려 간다고 하는 완고한 측면을 가지고 있었으며 야스쿠니 참배를 정치적으로 이용했습니다. 이에 반해 아베 총리는 야스쿠니 참배를 너무나도 하고 싶어했습니다. 그가 진심으로 야스쿠니 참배를 하고 싶어했다는 점에서 고이즈미 총리와 아베 총리는 차이가 있었습니다. 그러나 고이즈미 총리는 자민당에서는 드물게도 우정 민영화를 포함한 구조개혁 노선을 추구한 사람으로 다케나카 헤이조(竹中平蔵) 씨를 기용하여 개혁을 진행해 나갔습니다. 개혁을 진행해 나갈 때 파벌의 반대를 극복하기 위하여 파벌의 수장과 상담하지 않고 파벌의 이인자(二人者)를 데려와 중요 대신으로 삼아 버렸습니다. 파벌을 무너뜨리는 데는 이 이상 유효한 방법은 없었겠지요. 보스 바로 아래에 있는 라이벌이 될 가능성이 있는 사람을 데리고 와서 대신으로 삼아 고이즈미 총리에게 충성을 바치게 하여 파벌의 세력을 약화시켰던 것입니다. 그렇게 등용된 것이 가토 고이치의 넘버 2인 다니가키 사다카즈(谷垣禎一), 고노 요헤이의 넘버 2인 아소 다로(麻生太郎)인데 고이즈미 총리 입장에서는 차세대 인물인 이들을 등용하여 자신의 라이벌이 되지 않도록 거리를 두고 차세대를 양성하고자 했습니다. 이렇게 양성된 차세대 중에는 아베 신조, 나카가와 히데나오(中川秀直), 아소 다로, 히라누마 다케오(平沼赳夫)등 우익 정치가가 매우 많았습니다. 이것이 자민당이 우경화하는 경향을 단숨에 진척시켰던 것입니다. 아베 총리가 제1차 정권을 잡았을 때에는 야스쿠니 참배 문제 등으로 아시아 국가들과의 관계가 크게 냉각되어 있어 그런지 그는 억제해야 했습니다. 일본에서는 장기정권이었던 고이즈미 정권의 부정적인 유산(負の遺産)을 상속하여 격차사회(格差社会) 문제나 중일 관계 악화 등에 관하여 대안을 만들지 않으면 안 되었기 때문에 아베 정권은 1년이라는 짧은 기간으로 끝났습니다. 그러나 야스쿠니 참배를 포기하거나 중국과의 관계에서 조금씩 서로 다가가기 시작한 것을 보면 아베 총리 나름대로 조심한 부분이 상당히 있었다고 봅니다. 그렇지만 방위성을 설치하고 헌법 개정을 위해 국민투표법을 제정했으며 교육기본법에 "나라를 사랑하는 마음"이라는 문구를 넣는 등 아베 총리는 1년간의 임기에도 상당히 큰 변화를 만들었습니다.

4. 신/자유주의로의 부분적 회귀와 그 한계(2009~2012)

자민당이 우경화해 가고 순화 노선이 진행된 90년대 후반 이후에는 자민당에서 나온 온건 보수들이 민주당에 결집했기 때문에 결국 최종적으로는 민주당이 자민당의 최대 라이벌로서 자민당을 견제하고 폭주를 막는 형태로 바뀌어 갔습니다. 실제로 아베 총리 치하인 2007년 참의원 선거에서 자민당이 지고, 2년 후인 2009년에는 정권 교체가 되어 민주당 정권이 탄생했습니다. 그런데 민주당 정권은 여러 사람들을 급한 대로 긁어모았다는 점이 있었으며 또한 딱히 시민사회의 기반을 두고 정권 교체를 한 것은 아니었습니다. 민주당 정권이 생겼을 때 BBC의 특파원과 인터뷰를 했는데 저는 역사적인 정권 교체라 생각한다고 말했지만 그 사람은 빈정거림을 담아서 "그렇다면 어디로 가면 분수에 뛰어드는 시민의 모습을 볼 수 있는가"라고 말했습니다. 확실히 그런 것은 없구나 하고 생각했습니다. 다른 나라라면 시민사회에서 새로운 당이 생겨서 새로운 정권을 만들면 분위기가 고조되게 마련인데 최대 야당이 선거에 이겨 여당이 되는 것은 전후 일본에서는 처음인데도 불구하고 미칠 듯이 기뻐하며 거리에서 기쁨을 나타내는 시민의 모습이 보이지 않았다는 것은 민주당 정권의 실태를 나타내고 있다고 하겠습니다. 이른바 바람이 불었다는 것에 불과했습니다. 의외로 손님 같은 태도를 가진 유권자가 자민당은 이제 지긋지긋하니까 민주당에게 한 번 시켜볼까 하는 정도였습니다. 민주당에 대한 기대는 실은 그다지 뿌리 깊은 것이 아니었습니다. 분명한 것은 정권교체는 했지만 자민당의 장기 정권 아래서 여당만이 정권을 구성한 것이 아니라 관료제, 매스미디어의 기자 클럽 제도, 미일의 정책 관계자 등도 함께 정권을 구성하고 있었으므로 여당만이 바뀌어 민주당이 정권을 잡아 관료들에게 "오늘부터 너희들은 내 부하이므로 내가 하는 말을 들어라"고 해봐야 아무것도 바꿀 수가 없었습니다. 저항에 직면하여 흔들거리기 시작했을 때와 민주당이 어려울 때에도 지지해 주는 유권자는 없었습니다. 그러자 내부는 분열하여 오자와 씨와의 거대한 투쟁이 시작되었고 오자와 씨를 제거하겠다고 한 뒤 정권을 유지하기 위하여 관료들을 포섭하였고 특히 재무성에 매달렸습니다. 그래서 최종적으로 민주당 정권이 원전을 재가동시키고 TPP를 진행하려 하고 소비세 세율을 올리려 하는 등 자민당의 정책과 전혀 다르지 않은 정책들을 열심히 하게 되어 버렸습니다.

5. 과두지배(oligarchy)의 폭주(제2차 아베정권~)

그 결과 민주당은 2012년 12월에 유권자들에게 버림받게 되었습니다. 이 때 아베 총리가 "일본을 되찾는다"라는 선거 슬로건으로 돌아오게 됩니다. 아베 총리의 승리 후 자민당의 지지율이 올라 간 것은 전혀 아니었습니다. 득표율로 보자면 아베 총리가 돌아와서 자민당이 압승했을 때 획득한 표보다 아소 총리가 패하여 민주당 정권이 생겼을 때 자민당에 투표한 수 쪽이 많았습니다. 지금까지도 아소 총리가 대패했을 때 정도의 표를 얻지 못하고 있습니다. 인기가 회복되고 자민당이 좋아서 돌아온 것이 아닙니다. 무슨 일이 일어난 것인가 하면 민주당이 몰락하고 야당이 분열되어 투표율이 내려간 것입니다. 그러니까 핵심 자민당 지지층은 기본적으로 변화하지 않았습니다. 고이즈미 총리 때에 약간 늘어났지만 기본적으로는 여섯 사람 중 한 사람의 일본인 밖에 자민당에 투표하지 않습니다. 그러나 여섯 사람 중 한 사람의 일본인만 투표하더라도 투표율이 낮고 야당이 분열되어 있으면 소선 거구제 탓에 중의원의 경우에는 압승을 할 수 있습니다. 그러 므로 정치 주도로 우경화가 진행되어 가고 있었던 것이지, 사회가 아베 총리의 어젠다(agenda)를 열렬하게 환영하여 일 본을 되찾는데 성공하게 해 준 것이 아닙니다. 그러나 유권자 는 그런 것은 잘 모르기 때문에 아베 총리가 이기게 되었고, 아베 총리는 이겼으니까 자신이 하고 싶은 대로 많은 것을 바꾸어 가게 되었습니다. 96조를 우선적으로 바꿔 헌법을 쉽 게 개헌하려 하였고 일본판 '국가안전보장회의', '특정비밀보 호법'을 만들어 집단적 자위권을 행사하는 방향으로 나아갔 으며 다른 한편으로는 미국과 더불어 유일하게 중국이 주도 하고 있는 AIIB에 들어가지 않았습니다. 또한 공약을 어기고 TPP를 추진한다는 식으로 대미 추종 노선을 더욱 강화해 나 갔습니다.

다음으로 아베 정권의 기반에 대해 말씀 드리면, 아베 정권을 지탱하고 있는 것은 고이즈미 정권을 지탱했던 정치 연합과 같은 형태라고 생각합니다. 다만, 어느 쪽이 주도권을 쥐고 있는가에 대해서는 고이즈미 정권 때와 같지는 않습니다. 미국을 추종하며 경제나 군사 면에서 미국과 같은 방향으로 일본을 개혁하고 정책을 업데이트 하는 사람들이 주도권을 쥐고 있으며 관료나 학자 중에 그런 사람이 많습니다. 혹은 자민당 안의 온건파 중에도 그런 타입이 많습니다. "일본은 이대로라면 침몰하고 말 것이므로 개혁을 해야 한다", "미국처럼 되어야 한다", "미국이 바라는 모습으로 되어 가는 개혁 노선을 취한다" 그것은 TPP에 참가하거나 군사면에서도 미국이 바라는 대로 집단적 자위권을 행사하는 방향으로 가겠다는 것입니다. 그것과 약간 모순되는 형태로 존재하는 또 하나의 기반이 복고적 내셔널리즘인데 야스쿠니 참배나 위안부 문제에 대한 뒤틀린 견해를 신념으로 삼는 사람들이 정권 기반을 쥐고 있습니다. 교육칙어를 부활시키라든지, 전통적인 가족, 여성의 사회에서의 역할 등을 포함하여 교육 · 가족 · 역사 · 도덕 등 다양한 면에서 복고적인 것을 해나가자는 것이므로 전자와는 모순됩니다. 한편으론 미국에 종속되어 가는데 그것도 네오리버럴, 리버럴한 개혁을 하는 것이므로 전통적이고 복고적인 일본의 모습과는 모순되는 것입니다. 그러나 그 모순에는 강력한 부분이 있어 신자유주의 개혁의 영향으로 워킹푸어(working poor)가 생겨나고 한편에서는 그들이 내셔널리즘적인 언설, 배외주의적 헤이트 스피치(hate speech)에 매혹 당하는 겁니다. 다나카 총리나 오히라 총리 같은 전통적인 전후 냉전기의 보수는 국민을 통합하기 위하여 빈민 노동자나 지방에 보조금을 주어 어느 정도 돈으로 해결하고자 했고, 그것으로 일체감을 만들어냈습니다. 이는 아마도 한국에서도 볼 수 있고 미국이나 유럽에서도 볼 수 있다고 생각합니다. 보수정치이므로 공공 서비스도 포함하여 그러한 정책을 실행했지만, 평등하게 할 생각은 전혀 없었습니다. 보스가 부하를 돌봐 주고 그 대신에 부하는 보스에게 표를 가져다 줬습니다. 그런데 구조개혁노선을 취하고 재정 적자도 글로벌 경제가 되어서 개혁을 할 필요성이 부상하자 돈으로 해결할 수 없게 되었고 또한 그럴 생각도 없게 되어서 "돈은 주지 않겠지만 일장기로 감싸 줄 테니까 긍지를 가져라. 당신은 일본인이니까"라는 식으로 하는 것입니다. 그리고 "한국은 건방지다. 중국은 괘씸하다. 북한은 위험하다"라는 식으로 부추겨 일체감을 확보하려 들었습니다.

이데올로기나 정념 등 감정적인 것에 기반을 둔 내셔널리즘이 나왔습니다. 아베 총리의 내셔널리즘의 특징은 아무런 내용도 없이 관념적이라는 것입니다. 실제로 그가 실행하고 있는 정책으로는 그가 내셔널리스트라고 말하기 어렵습니다. 단순하게 생각해 보면 미군기지 건설에 대해서 오키나와는 일본의 일부이며 일본인이 반대하고 있는데도 그 반대를 뿌리치고 미군기지를 열심히 만들려고 합니다. TPP를 하

지 않겠다고 말하면서 선거에 이긴 뒤 TPP를 진행합니다. 이 중 어느 부분이 내셔널리즘일까요? 우정 민영화에 반대하여 나온 사람도 있었지만 그런 일을 하면 따끔한 맛을 본다는 것을 알고 있기 때문에 지금의 자민당은 아무도 의견을 말하지 않게 되었습니다. 실제로 미국을 추종하면서 미국적인 경제나 군사 노선을 차근차근 진척시켜 나가면서 한편으론 일장기를 치켜들고 기미가요(君が代)를 부르며 외치고 있는 실정입니다.

한편 위안부 문제에 대해서 작년 말, 한일 양 정부의 '합의'가 이뤄졌습니다. 저는 이에 대해 비판적인 입장입니다. 어떻게 하였기에 이렇듯 급속으로 이뤄졌는지를 한국 국민들도 이상하게 여기고 있겠지만 일본에서도 상당히 놀라운 소식이었습니다. 실은 아베 총리가 합의를 한 것은 미국에게 떠밀렸기 때문입니다. 집단적 자위권의 행사를 용인해야 하는 상황에서 이미 안보 법안을 작년 9월 19일에 성립시켰으므로 미국이 다음 건으로 일본에게 위안부 문제를 해결하도록 종용한 것입니다. 위안부 문제를 해결하지 않으면 한일 양 정부가 준군사동맹을 강화할 수가 없습니다. 북한이나 중국의 전략, 그리고 미국의 전략을 생각할 때 위안부 문제가 장애가 되어 한일 양 정부가 군사면에서의 협력을 강화할 수 없다는 점이 미국 입장에서는 가장 큰 문제였습니다. 물론 군사 강화가 중요하다는 것은 미국 입장에서 말하는 겁니다. 실제로 힘을 가지고 있는 사람 입장에서 보면 군사 강화가 중요하리라 생각합니다. 미국은 위안부 문제에 합의를 해야 한일관계가 강화될 수 있다는 압력을 계속 걸어 왔습니다. 아베 총리는 아마도 집단적 자위권 행사를 용인한 것 때문에 각국의 대표에게 일본의 총리대신으로서는 처음으로 미국 의회에서 연설을 하는 등 매우 극찬을 받고 있습니다. 미일관계 전문가들은 모두 오바마 대통령과 뜻이 맞지 않는 아베 씨가 수상인데도 불구하고 미일관계는 이제까지 없을 정도로 좋다고 합니다. 그러나 아무리 생각해도 그 두 사람은 성격이 맞지 않으므로 이는 아베와 오바마의 사이가 좋아서가 아닐 것입니다. 그런데도 불구하고 아베 총리와 주위 관료, 외무성이 미일동맹을 강화하는 방향으로 나가는 것은 정권을 유지할 수 있는 방법이라는 신념을 가지고 있기 때문이라고 할 수 있습니다. 균형을 잡지 않으면 안 되는 것입니다. 신년 들어 헌법 개정을 하겠다는 말을 꺼내면서 경우에 따라서는 의석수의 3분의 2를 차지한다면 헌법 9조도 바꾸고 싶다고 말하고 있는데 이 또한 상당히 의외입니다. 아베 총리가 헌법을 개정하고 싶어 하는 것은 모두가 알고 있지만 공식적으로 그렇게 말한 적은 없습니다. 선거가 있을 때에는 아베노믹스, 소비세 도입 연기 등 경제에 대해서만 말하며, 이 길밖에 없다고 얼버무려 왔습니다. 그런데 어째서인지 올해에는 참의원 선거가 여름에 있는데도 신년부터 헌법 개정을 하고 싶다는 말을 꺼낸 것입니다. 그 이유는 제가 보기에는 다음과 같습니다. 한일 양 정부가 '합의'를 하고 말았기 때문에 보수파로부터 아베 씨는 대체 무엇을 하고 있는 거냐는 불신감을 샀습니다. 아베 총리가 위안부 문제를 악화시킨 책임자이며 그가 문제를 꼬이게 만들었는데, 그런 그가 갑자기 그 문제를 해결하겠다고 박근혜 대통령과 합의를 했으므로 아베 총리를 추종해 온 보수주의적이고 역사수정주의적인 신념을 가지고 있는 사람들은 수상하게 여길 수밖에 없습니다. 그래서 그들을 침묵시키고 만족시키기 위하여 헌법 개정을 하겠다고 말한 겁니다. 헌법 개정을 하는 것은 큰 문제이고 시간이 걸리기 때문에 아베 정권이 존속해야 할 의미가 생겨납니다. 이제부터 해야 할 진짜 과제가 헌법 개정이니까 구심력을 높이고 싶으므로 그렇게 말할 수밖에 없었다는 점이 있습니다. 그런 의미에서 아베 총리는 균형을 잡으면서 미국에 접근해 가며 군사경제면에서의 개혁을 추진하고 복고적인 것도 진행해 갑니다. 최종적으로 이것이 어떻게 될 것인가 하면 저는 틀림없이 붕괴할 것이라고 생각합니다. 다만 그 시점이 언제가 될지는 모르겠습니다. 아까 소개받은 것처럼 저는 연구자이자 한 사람의 시민으로서 아베 정권에 반대하는 야당과 시민사회의 움직임에 참여하고 있습니다. 그러므로 물론 야당이나 시민 측에서 아베 정권을 무너뜨리고 싶지만 그것은 어려울 것이라 생각합니다. 연구자로서 일본의 정치를 볼 때 가장 가능성이 높은 시나리오는 아베 정권이 내부 분열을 일으켜 자멸하는 형태입니다. 두 세력 사이의 균형을 잡는다는 것은 그렇게 간단한 이야기가 아니므로 역시 어딘가가 잘못될 것이라고 생각합니다. 지금 세계 어느 나라도 경제 운영이 매우 어렵기에 어떤 방법을 고안하더라도 그리 잘 되게 할수가 없을 것입니다. 아베노믹스는 명백하게 실패했습니다. 그것이 언제 드러나는가 하는 상태인데 그런 문제를 품고 있으면서 야당과의 관계가 흔들리기 시작하게 되면 여러 가지 문제가 일어나서 아베 정권은 내부에서부터 무너질 것입니다. 또는 아베 총리가 영향력을 유지한 상태로 그만두고 싶다고 생각하여 그러한 방향으로 갈 가능성도 높습니다. 이는 전통적인 자민당의 정치 방식인데 다케시타 노보루, 다나카 가쿠에이, 모리 요시로 등 전 총리들도 그렇지만 총리로서보다도 총리를 사임하고 난 후부터 더욱 강한 영향력을 유지한 사람이 많습니다. 아베 총리 입장에서 보면 건강 문제도 있고 큰 목적을 달성해 버리면 헌법 개정을 강행하는 것이 큰일이기 때문에 여름 선거에서 3분의 2의 의석수를 얻는다면 조금더 갈 수도 있겠지만 만약 3분의 2를 얻지 못한다면 그 단계에서 아베 총리는 과반수를 얻어도 그만 둘 가능성이 높습니다. 헌법 개정을 하고 싶기 때문에 선거를 했는데 3분의 2를 얻지 못한다면 어떻게 할 것인가 하는 이야기입니다. 아베 총리는 달리 하고 싶은 것이 없습니다. 아베 총리가 경제를 운영하고 싶어 정치를 하고 있다고는 아무도 생각하지 않으며, 실제로도 분명히 그렇지 않습니다. 아베노믹스는 그저 말로만 하고 있을 뿐 본인은 전혀 관심이 없습니다. 그런 게 없으면 정권으로 돌아갈 수 없다는 것을 알고 있으므로 그것을 열심히 하려고 하지 않습니다. 하물며 아베노믹스는 명백히 실패했으므로 이제부터 어떻게 운영하면 좋을지를 생각하는 것만으로도 머리가 아파옵니다. 그러니까 그건 이제 됐으니 역으로 지금 아직 영향력이 있는 단계에 그만두고 후계자를 사실상 지명해서 원정(院政)을 펴겠다고 할지도 모릅니다. 저는 나름대로 그것이 올해 실행될 가능성이 있다고 생각합니다. 그렇게 말하면 모두 낙관적이라고 하지만 저는 그렇게 생각합니다. 그러나 일본의 우경화는 이것으로 끝나지 않을 것입니다. 일본 정치의 우경화는 물론 아베 총리에 의해 상당히 진척된 부분이 있지만 아베 총리가 시작한 것도 아니고 아베 총리로 끝날 것도 아닙니다. 구조적으로 자민당 안에 우익 정치가 늘어나 있고 그들이 지금 주류가 되어 버렸기 때문입니다. 아베 총리가 영향력을 유지하는 형태로 정권을 위양(委讓)한다면 이나다 도모미(稲田朋美)라는 사람이 현재 가장 유력한 후보로 거론되고 있습니다. 제가 최근 들은 이야기로는 하시모토 도루(橋下徹) 오사카 시장을 생각하고 있는 모양이라고도 하는데 이건 정말 어처구니없는 이야기입니다. 그렇지만 우경화의 흐름은 그렇게 간단하게 끝나지 않을 것입니다. 예를 들면, 아베 총리가 너무나도 오른쪽으로 기울어 있으므로 유권자가 반대표를 들이대서 그만두게 된다면 다니가키 씨나 노다 세이코(野田聖子) 씨 같은 조금 더 온건한 사람이 총리가 될 가능성이 있습니다. 그렇지만 앞서 말씀 드린 나카소네 총리와는 정반대 상황이 되는 것입니다. 나카소네 총리는 매파 정치가였지만 그 주위는 온통 비둘기파였습니다. 당시의 자민당 틀 속에서 정치를 할 수밖에 없었으므로 그다지 대단한 일은 할 수 없었습니다. 다니가키 씨나 노다 씨가 차기 총리가 되었다고 해서 자민당이 온건 리버럴한 방향으로 갈 것인가 하면 그것은 역시 어려울 것 같습니다. 왜냐하면 정치 지반을 지탱하는 당 안의 사정이나 자민당을 지탱하는 조직을 생각했을 때 상당히 우경화해 버렸기 때문입니다. 이데올로기나 정념에 상당히 치우친 정치가 되어 버린 상태입니다. 다음으로 국제관계에서 보면 앞서 말씀 드렸다시피 저는 우경화는 일본에서만 일어나고 있는 것이 아니라고 생각합니다. 아마도 한국에서도 일어나고 있을 것입니다.

이러한 우경화의 흐름, 즉 내셔널리즘과 개혁 노선을 같이 추진하는 것은 세계 여러 곳에서 일어나고 있으며, 서로가 서로를 필요로 합니다. 북한이 미사일이나 핵병기를 거론할 때마다 아베 씨는 기뻐합니다. 낙관할 수 없는 이런 상황은 유감스럽게도 얼마간 계속될 것이라고 생각합니다. 자료의 후반부에는 아베 정권의 세세한 부분, 역사문제, 언론 탄압, 보도기관에 대한 탄압 등의 보도의 자유, 학문의 자유에 관해서 적어 두었으므로 구체적인 부분에 관해서 관심이 있으시면 답해드리고 싶습니다. 시간이 다 되었으므로 제 이야기는 일단 여기서 마치도록 하겠습니다. 경청해주셔서 감사합니다.

질의응답

- Q. 시민사회의 우경화와 정치의 우경화의 관계를 질문 드리고 싶습니다.
- Q. 미국의 영향으로 일본 국내 정치가 우경화하는 경향도 있었던 것은 아닐까요?
- Q. 선생님은 국제협조주의와 친미적인 추종주의를 나누어 생각하고 계시지만, 대아시아 협력과 UN협조의 관련은 어떻게 될까요?

〈제 194회 일본 전문가 초청 세미나〉

• 주제: 일본 정치의 우경화

• 강연자: 나카노 고이치(中野晃一)

질문자1 : 간단하게 참의원 선거에 대한 선생님의 의견이랄까, 중의원 선거와 겹치는 더블 선거가 될 가능성이 있는지에 대해서 여쭈고 싶습니다.

나카노 고이치 교수 : 참의원 선거에 관해서는 지금 야당의 협력이 조금씩 진척되고 있습니다. 후보자 조정을 하고 있는데 최종적으로는 32개의 1인구* 중 거의 모든 곳에서 야당의 후보단일화가 가능할 것으로 생각합니다. 그것은 역시 민주당, 공산당도 포함하여 합의했으므로 최종적으로 잘 조정되기 어려운 곳이 나온다고 해도 공산

---

* 일본 참의원 선거구 중 한 선거에서 한 명의 후보자가 당선되는 선거구를 1인구라 한다.

당이 후보를 내는 것을 포기할 것이고 그러므로 단일화를 할 수 있을 것이라고 생각합니다. 저 자신도 '시민연합'에 관여하며 야당 공동 투쟁을 밀어 붙이고 있는데, 시민이 주도하여 참의원 선거에서 아베 총리의 자민당 공명당을 막는 것과 오사카 유신회(大阪維新の会) 등의 개헌 세력이 의석을 차지하지 못하게 하는 것이 현실적인 목표이며, 그러기 위해서는 32개의 1인구 중 11개 정도는 야당 측이 얻지 못하면 곤란하다고 생각합니다. 워낙 투표율이 낮아진 상태인데다가 그 낮은 투표율 속에는 자민당 핵심 지지층인 전체 유권자의 6분의 1이 들어가 있는 상태이므로 투표율을 올리는 것이 큰 문제입니다. 중의원 선거에서 52.7%, 참의원 선거에서 52.6%이므로 정말로 낮습니다. 투표율을 60%를 넘기게 하여 60~70%로 올릴 수 있다면 야당은 상당히 좋은 성적을 거두어 아베 정권의 퇴진으로 이어질 수 있는 선거 결과가 되지 않을까 합니다. 이런 이유 때문에 1인구에 집중하는 것이며 마치 고이즈미 총리 때의 우정 민영화 선거를 역으로 하는듯한 느낌입니다. 자민당과 공명당의 폭주를 막을 것인지 아닌지를 선거의 쟁점으로 삼아야 합니다. "여기서 브레이크를 밟지 않으면 곤란하지 않은가?" "헌법을 개정하는 이런 저런 논의는 있어도 좋지만

이 정권이 해서는 안 되지 않겠는가?". 그런 식으로 최근 포기하여 투표를 하지 않아도 된다고 생각하는 사람들과 아무 것도 변하지 않는다고 생각하는 사람들에게 이 선거에서 왜 투표를 해야 하는지를 설명할 수 있는지가 승부를 가를 것이라고 생각합니다. 지금 시민운동에 관여하고 있는 사람 입장에서 보면 실제로는 상당히 큰일입니다. 그냥 내버려 두면 정말 1인구는 이와테(岩手)와 오키나와를 포함하여 자민당이 전부 차지해 버려도 이상하지 않은 상황입니다. 현재 민주당은 그다지 신통치 않기 때문에, 가능한 한 분위기를 띄워서 이번은 중요한 선거이므로 투표장에 가는 편이 낫다고 생각하게 만드는 것은 그렇게 간단한 이야기가 아니므로 어떠한 가능성이든 존재할 수 있다고 생각합니다. 아베 총리가 순조롭게 승리하는 것으로 끝나 버려서 개헌을 향해 가는 시나리오도 가능하다고 생각합니다.

더블 선거에 관해서는 올해 안에는 선거가 있을 것이라 생각하지만 더블이 될지 아닐지는 모르겠습니다. 이유인즉슨 더블 선거가 있다고 위협하면 민주당은 돈이 없는데도 돈을 계속 써야만 하기 때문에 더블 선거를 할 것이라고 자민당이 위협하는 것은 이해가 됩니다. 실제로 할지 안 할지는 모르지만 할 것 같은 분위기를 만들어서 돈을 쓰게 만들어 두고 선거를 하지 않으면 되는 것입니다. 그러므로 여하튼 자민당이 더블 선거를 한다고 말하는 것은 당연하지만 정말 할지 안 할지는 모릅니다. 왜냐하면 마이너스인 점도 크기 때문입니다. 무슨 말인가 하면 더블 선거를 하면 투표율이 올라갈 텐데 그렇게 되면 자민당에게 비판적인 사람도 투표를 하게 됩니다. 그것이 더구나 헌법 개정과 관계되어 있으니까 "가는 쪽이 낫겠군, 이런 중요한 선거가 두 개나 있구나" 하는 식이 되면 반드시 자민당이 생각하는 대로는 되지 않습니다. 일찍이 1986년 나카소네 총리 때에 더블 선거가 있었을 때에는 투표율이 올라가면 자민당이 이기는 시대였습니다. 그런데 지금은 모리 전 총리가 진심으로 모두 조용히 잠이나 자고 있으면 좋겠다고 말해 버릴 정도로 자민당은 투표율이 떨어지는 편이 승산이 높습니다. 그런데 투표율을 올려 버리는 더블 선거를 굳이 해서 만약 양원을 모두 얻지 못한다면 도대체 무엇을 위해서 선거를 한 것이냐는 이야기가 됩니다. 이것이 상당히 허들을 높이게 되므로 정말로 할 수 있을지 없을지는 알 수 없습니다. 아마 장점이라고 한다면 중의원선거도 하게 되면 야당을 분열시키기 쉽다는 점입니다. 소선거구제에서 중의원 후보자 조정을 하는 것은 어렵기 때문에 야당은 분열할 것이고 야당의 분열은 자민당에게는 좋은 일입니다. 양당제에서 중간층을 겨냥하여 양당의 정책이 비슷해지고 중간 수준으로 모이게 된다는 원리는 일본에는 들어맞지 않는다고 생각하며, 중간층을 노린다고 선거에서 이길 수 있는 것도 아니기 때문에 자민당이 중간층을 노려서 얻을 이점은 전혀 없습니다. 투표율을 낮추고 분열시켜 두면 그것으로 좋은 것입니다. 정당 간 투쟁 모델이 많은 경우 거짓말인 것은 A당과 B당과 같이 수평 상의 싸움인 것처럼 말하지만 실제로 선거라는 것은 정권 여당 대 야당이기 때문입니다. 일본의 경우 정권 여당이라는 것은 굉장히 유리합니다. 그렇다면 정권 여당은 자유 시장에서 경쟁하기보다는 시장을 왜곡시키는 편이 좋습니다. 시장을 따라서 움직일 이유는 어디에도 없으므로 실제로 자민당은 권력을 사용하여 야당을 분열시키고 투표율은 딱히 내려가도 상관하지 않습니다. 더블 선거 여부는 알 수 없지만 중의원 선거를 올해 할 가능성이 있다고는 생각합니다.

질문자2 : HK연구교수 진입니다. 전체적인 정치 흐름에 대한 이야기를 해주셔서 굉장히 많은 공부가 되었습니다. 질문은 두 가지입니다. 도중에 이야기가 나왔지만, 하나는 정치 주도의 우경화라는 이야기에서 시민사회의 우경화와 정치의 우경화의 관계를 질문 드리고 싶습니다. 또 하나는 미국과의 관계에 대한 질문입니다. 자료에 고이즈미 정권 시절에 성립한 안보 관계 법률이 나열되어 있습니다. 2003년의 이라크 전쟁이나 2001년의 9.11 사태 등 그때부터 미국의 군사 전략이 바뀌었고 오키나와 문제를 포함하여 일본의 군사 전략에 개입하거나 압력을 가하는 경우가 많아졌다고 생각합니다. 미국의 영향으로 이렇게 국내 정치가 우경화하는 경향도 있었던 것은 아닐까요?

나카노 고이치 교수 : 정치 주도의 사회에 대해서군요. 굉장히 중요한 논점으로 자료에는 약간 적어 두었는데요. 정당정치는 정치엘리트가 견인하는 형태로 사회가 조금씩 우경화해 갔다고 생각합니다. 일본의 경우에는 정치 주도로 우경화 한 것이지 사회 주도는 아니었다고 할 때에 염두에 두고 있는 것은 유럽이나 미국의 경우와 약간 다르다는 점입니다. 유럽의 경우에는 예를 들면 1980년대부터 이민자가 유입되어 사회 안에서 이민 배척의 움직임이 시작되었고 포말정당이었던 '국민전선(당수 르펜, Le Pen)'이 커져서 우경화해 갔습니다. 미국에서도 공화당이라고는 하지만 역시 풀뿌리 보수들이 움직이

는 형태입니다. 그에 비하여 일본의 경우는 이탈리아나 독일의 파시즘과 일본의 파시즘이 다르다는 것과 약간 비슷한데, 요컨대 위로부터인지 아래로부터인지의 이야기입니다. 일본의 경우는 엘리트가 우경화를 시작하고 그것을 사회에 침투시켜 갔는데 그것이 이번에도 일어나고 있다고 생각합니다. 아베 총리 같은 사람이 앞장서고 미디어 엘리트를 사용하여 조금씩 사회에 영향을 주고 있습니다. 고이즈미 정권기에는 '재일 한국인' 배척 활동을 하는 단체인 '재특회(在日特権を許さない 市民の会)'가 조금씩 표면으로 나와 인터넷에서 사회로 나와 버렸습니다. 고이즈미, 아베가 어떤 종류의 정당성(legitimacy)을 부여해 버려서 인터넷에서 활동하던 사람들이 부끄러운 줄도 모르고 밖으로 나왔다는 것은 상징적입니다. 그들은 그렇게 밖으로 나와서 계속 열화(劣化)해 갔습니다. 그런 의미에서는 유감스럽게도 사회도 조금씩 우경화하고 있는 부분은 있다고 생각합니다. 다만 우경화 일변도인가 하면 그렇지도 않습니다. 미국 측의 군사 전략에 관해서 보면 일본에 대한 미국 측의 요구는 1980년대, 1990년대부터 줄곧 있었던 것이지만 교역교섭이나 군사면에서도 요구가 점점 더 커져 갔습니다. 비교적 양국 교섭이라는 느낌으로 표면에서 해 왔던

것이 관료 레벨에서 점점 더 큰 요구를 들이대는 형태로 진행되고 있습니다. 일본의 주권을 미국에게 빼앗기고 있다고 할 수 있겠습니다. 한편, 일본 측에서 대미 추종 외교안보 정책이나 경제 정책이 강화되고 있는 것은 신자유주의적인 정치 개혁, 행정 개혁이 그것을 가속화하는 측면이 있다고 생각합니다. 소선거구제에 의해서 당수의 힘이 매우 강화되고 중앙 관청의 재편에 의해서 총리 관저 기능의 강화가 이루어져서 대통령에 가까운 형태로 톱다운(top-down)으로 정책을 추진하는 형태가 되었습니다. 이에 따라 관저 주도의 외교 혹은 방위전략을 추진하기가 쉬워졌습니다. 그 중에서 외무성의 변화가 가장 크다고 생각합니다. 일본의 외무성은 상당히 변하고 말았습니다. 무라야마 담화를 만들었을 때는 차이나 스쿨 혹은 아시아 스쿨이라고 불릴 법한 아시아 경험을 풍부하게 가지고 아시아 외교를 담당하는 사람이 톱(top)에 있어서 무라야마 총리에게 조언하는 형태로 무라야마 담화를 작성했습니다. 그런데 지금은 아시아 스쿨은 배제되고 친미 성향의 사람이 주도권을 쥐었으며 그것도 관저의 주인인 아베 총리나 스가 요시히데(菅義偉) 관방장관과의 연결고리가 깊은 사람이 외무성 안에 들어가 있습니다. 그런 흐름이 서서히 진행되었고 고이즈미 정권의 다나카 마키코(田中真紀子)외무상 때 문제가 되었는데, 탈북자가 심양의 일본 영사관에 들어가는 사건이 벌어져 일본의 중국 외교는 저자세라는 비판을 받았습니다. 그리고 그 결과로 차이나 스쿨의 배제가 이루어졌는데 이것은 상당히 큰 문제라고 생각합니다. 이런 의미에서는 단지 미국의 압력 때문만이 아니라 일본 내에서 외교와 안전보장 정책에 관여하는 사람들이 정말로 미국만 보게 되어버린 점도 있다고 생각합니다. 조금 더 균형 잡힌 사람들이 있었겠지만 기본적으로 미국에 가까운지 아닌지가 전부가 되어 버렸기 때문에 어느 쪽을 대표하고 있는가 하는 문제가 있습니다. 하토야마 정권이 성립했을 때 외무성의 중추 관료 두 사람이 도쿄의 미국 대사관에 가서 하토야마가 멋대로 하게 두지 말아 달라고 했습니다. 일본의 외교관이 민주적으로 선출된 자국의 총리대신에게 상냥하게 굴어서는 안 되고 엄하게 대해 달라고 미국의 대사관에 가서 말한다는 것은 상당히 이상한 것이죠. 그러나 일부에서 보도되었을 뿐 문제는 되지 않았습니다. 이것이 현재 외무성의 실태입니다. 동아시아 외교를 독자적으로 할 수 있는 체제가 전혀 아닌 것입니다.

질문자3 : 두 가지 질문이 있습니다. 하나는 위안부 문제에 대한 한일 합의에 관하여 선생님의 견해를 듣고 싶습니다. 한국에서는 여기에 관해서 일본 사회에 대한 비판이 점점 강해져 가고 있는데 이런 것은 일본에서는 어떻게 알려져 있는지요? 저는 크게 말하면 아베 총리의 헌법 개정에 이르는 과정 중에서 한국에 대한 대외 정책으로서는 실패라고 생각합니다. 다른 하나는 투표권의 하한 연령이 낮아지는 것이 아베 정권에 어떠한 영향을 미칠 것인가 하는 점입니다. 이번에 18세 이상이 투표할 수 있게 되었으니 첫 번째 투표는 많은 사람이 할 것이라고 생각하지만 두 번째, 세 번째 이후가 되면 젊은이들은 그다지 투표를 하지 않게 될 것으로 여겨집니다. 그래도 첫 번째는 비교적 투표율이 높아지지 않을까 하고 생각하는데 이 점에 관하여 선생님의 의견을 듣고 싶습니다.

나카노 고이치 교수 : 위안부 문제에 관한 한일 정부의 행동에 대해서는 일본 사회로서는 전체적으로 호의적이라고 생각됩니다. 여성인권단체나 합의 내용을 알고 있는 사람이라면 역시 이상하다고 하겠지만 전반적으로는 무관심한 사람이 가장 많기 때문에 피상적인 보도만을 보고 있으면 뭔가 획기적인 것이 이루어졌으니 잘됐다고 하는 분위기가 있습니다. 그래서 여기에 대해서는 앞으로 상당히 어려울 지도 모르겠다는 기분이 듭니다. 저 자신은 피해자의 이야기를 듣지 않고 마주 보지도 않고 인권침해 문제를 해결할 수 있다는 생각은 이해하기가 힘듭니다. 아무리 정치 문제라고 주장해도 이것으로 해결될 리가 없습니다. 그러나 일단 톱(top)에서 이것으로 이제 더 이상 이야기하지 않는다고 해버렸기 때문에 일본에서는 이미 결말이 난 것을 한국이 또다시 문제 삼는다고 하는 식으로 보도를 하는 대단히 불행한 사태가 되어 버리는 것은 아닐까 걱정스럽습니다.

18세 선거에 관해서는 국회 앞의 항의 행동으로 젊은이들이 우경화하기만 한 것도 아니라는 것이 오히려 지금은 반향을 부르고 있습니다. 한편에는 우경화한 인터넷 우익 같은 젊은이들이 있는 모양이지만 다른 한편에는 숫자는 그리 많지는 않더라도 그렇지 않은 젊은이들이 있다는 사실이 반향을 부르고 있습니다. 지금 단계에서는 각 정당이나 다양한 단체가 젊은이들에 대해서 어필할 방법을 어떻게 고안해야 할지 상당히 고민하고 있다고 생각합니다. 민주당이나 공산당은 '실즈(SEALDs, Students Emergency Action for Liberal Democracy)'에 가능한 한 접근하여 관계를 강화해 가고 싶다고 생각하고 있습니다. 자민당은 아베 총리의 친척에 해당하는 사람이 '일본미래회의(日本未来会議)'라는 젊은이가 할 법한 약간 수상쩍은 느낌의 조직을 만들었습니다. 공명당이나 창가학회(創価学会)는 신자의 자녀나 청년을 대상으로 인터넷 상에서 대대적인 광고를 하고 있습니다. 지금은 완전히 모색 단계입니다. 다만, 정말 어디까지 투표율이 올라갈지는 미지수입니다. 지금 자민당이 고교생의 정치 교육 문제, 주권자 교육 문제를 상당히 엄격하게 감독하려고 하고 있어서 학교에서 정치활동에 참가하는 사람은 신고를 하지 않으면 안 된다고 하는데 이건 완전한 인권 침해입니다. 그러나 이런 일을 해도 문부과학성이 용인하고 있으므로 여기서 정권의 의사가 상당히 드러나고 있다고 생각합니다. 18세 선거가 되면 어떻게 될지 알 수가 없으므로 언론 탄압을 하거나 학교나 교육의 장에서 캠페인을 하지 않을까 합니다.

질문자4 : 선생님은 국제협조주의와 친미적인 추종주의를 나누어 생각하고 계시지만 대아시아 협력과 UN협조의 관련은 어떻게 될까요? 복고적 내셔널리즘의 내용은 거칠게 말하면 친미적인 흐름과 대립된다고 여겨져 왔습니다. 저는 복고적 내셔널리즘은 전전(戦前)의 국가주의로 이어지는 것으로 위험하기 때문에 친미적인 현실주의와 균형을 잡을 수 있는 감각을 살려 나가는 것이 혁신적인 흐름의 입장에서도 유리하지 않은가 하고 생각합니다만 이 점에 대해서 어떻게 생각하십니까?

나카노 고이치 교수 : 국제협조와 대미추종에 관한 것인데 아주 좋은 질문입니다. 당초에 오히라 총리와 나카소네 총리 때에는 미국과의 제휴 강화와 국제협조 사이에 위화감이 없었고 대단히 잘 합치되는 것이었지만 어느 때부터인가 UN중심주의로 다국 간 외교를 해 갈 것인지, 아니면 기본적으로 미일 관계를 잘 해 나가면 되는 것인지의 사이에서 어느 쪽으로 키를 돌릴 것인지가 문제가 되었습니다. 부트로스갈리 UN사무총장과 미국의 사이가 틀어지게 되고 결국에는 코피 아난이라는 상당히 친미적인 사무총장이 취임하자 UN은 독자적으로 안전보장체제의 핵심이 될 수 없는 것은 아닌가 하는 분위기가 생겨났습니다. 그런 가운데 역시 미일동맹 강화가 중요하며 이것을 강화해야 한다는 쪽으로 방향을 잡았습니다. 외무성에서는 아직도 명목상으로는 국제협조주의에 기반을 둔 적극적인 평화주의를 내세우고는 있지만, 현재 국제협조주의는 전혀 내용이 없어지고 기본적으로는 미국만을 시야에 두고 있다는 것이 제 견해입니다. 다만 꼭 처음부터 그랬던 것은 아닙니다. 국가주의적인 것과 친미적인 외교 노선은 역시 모순되는 면이 있다고 생각합니다. 그런데 최종적으로는 어느 쪽이 주도권을 가지고 있는지가 문제라고 생각합니다. 물론 제가 알고 있는 사람이나 정책관계자도 포함하여 브레이크를 밟는다는 의미를 담아 아베 정권에 참가해서 개혁에 힘을 쏟도록 하여 복고적인 국가주의로는 되지 않도록 하고 있는 분들은 꽤있지만 결과적으로 그렇게 되지 않은 상황입니다. 이 부분은 판단이 갈리는 점이라고 생각합니다. 정치가 중에서도 세코 히로시게(世耕弘成) 씨나 스가 씨는 친미 개혁파 쪽으로 복고적인 것은 아베 총리의 취미이며 취미는 일터에 가지고 올 수 없도록 열심히 노력하고 있다고 말하고 있습니다. 그러나 실제로 그런가 하면 솔직히 의문이 듭니다. 스가 씨도 세코 씨도 아베 총리의 모체가 되고 있는 '창생일본(創生日本)'의 멤버이며 아베 씨를 재생시켜서 우익적인 것을 계속 해 오면서 대외적으로는 "저는 개혁파입니다"라고 말하고 있습니다. 그러나 "저는 친미 국제파로 일본을 업데이트하여 모던(modern)하게 경쟁력이 있는 나라로 만들고자 하고 있습니다"라고 말하면서도 아베 총리의 복고적인 부분을 막고 있지 않습니다. 만약 그런 일을 하고 있더라도 결국 체제 측에 포섭되어 있으므로 결코 브레이크가 되지 않을 것이라고 생각합니다.

질문자5 : 「주간금요일」 등에 위안부 문제에 관해 투고한 요시카타(吉方)라고 합니다. 앞서 질문에 대한 대답으로 외무성의 미국 편중에 대한 이야기를 들었는데요. 이번에 UN여성차별철폐위원회에서 위안부 문제에 대한 오해가 아사히신문의 오보 때문에 퍼진 것이라고 일본 정부가 공식적인 입장으로 주장했습니다. 이에 관해서는 당초 산케이신문밖에 보도하지 않았지만 관저에서 그날 당일로 직접 개입했다고 들었습니다. 앞서 미국에 편중되어 차이나스쿨 등이 배제되었다고 말씀하셨는데 이렇게까지 노골적으로 관저가 간섭하고 있으며, 또한 완전히 사실에 반하는 것을 외무성이 주장하는 것에 대해서 내부에서의 불협화음 같은 것을 들은 적은 없으십니까?

나카노 고이치 교수 : 정치가의 개입에 대한 이야기인데 정말 무서운 일이죠. '새역모'나 '일본의 전도와 역사교육을 생각하는 젊은 의원 모임(日本の前途と歴史教育を考える若手議員の会)' 등이 생긴 20년 전에는 이러한 사람들이 정권의 중심이 되어 일본 정부를 대표하여 역사인식을 드러낼 시기가 올 것이라고는 생각하지 못했

습니다. 일부 미친 사람들이라고만 생각했습니다. 그러나 그들이 실제로 정권에 있고 외무성도 그에 저항할 방법이 없어져서 한통속이 되어 있다는 것이 현실이라고 생각합니다. 어떻게 이렇게까지 되어 버렸나 하고 생각하면서도 솔직히 그다지 놀랍지는 않네요. 왜냐하면 직접 관저에서 오지 않더라도 역사수정주의라는 것은 공식적인 공약으로 자민당의 매니페스토(manifesto)에도 적혀 있습니다. '고노담화'의 수정은 미국이 하지 말라고 했기 때문에 못하지만 그 대신에 '쿠마라스와미 보고(coomaraswamy report, 1996)'를 표적으로 삼고 있습니다. 보고서에서 위안부는 군의 성노예 제도라고 표현하고 있는데 이 '성노예'라는 말을 인정하기 어려운 겁니다. 이 말을 확산시킨 것은 아사히신문의 책임이라며 아사히신문을 공격하면서 쿠마라스와미 보고를 바꾸게 하자는 식으로 하고 있으므로 어쩌면 당연한 귀결이라고 생각합니다. 저 개인도 그 일에 말려든 적이 있는데요. 2014년 가을에 아사히신문이 요시다 증언(吉田証言) 기사를 철회하고 제삼자위원회를 만들고 있을 때, 때마침 요미우리신문이 예전에 영자지에서 'sex slave'라는 말을 썼는데 그 사실에 관해서 사과하고 철회한다는 기사를 냈습니다. 이에 대해서 저는 요미우리가 정권과 결탁했다는 사실을 알아챘습니다. 왜냐하면 아사히의 제삼자위원회에 기타오카 신이치 씨가 들어가 있었는데 기타오카 씨는 요미우리그룹과 꽹장히 가깝고 중앙공론(中央公論)이라는 지금은 요미우리그룹에 들어가 있는 월간지에서 '아사히는 이렇게 해야 한다'는 내용의 논문을 쓰기도 했습니다. 공식적으로도 이야기를 한 것입니다. 아사히의 제삼자기관에서도 아사히 때문에 성노예라는 오해가 퍼졌으니 아사히가 솔선하여 이것을 고치라고 적었으며, 요미우리가 하필 이런 시기에 그런 기사를 적은 것은 누구에게 사죄하고 있는 것인지 알 수 없는 것으로 요미우리도 했으니까 아사히에게도 똑같이 하라고 말하고 있는 것은 아닌가 생각했습니다. 이에 대한 취재가 있어서 워싱턴포스트와 뉴욕타임스에 이런 식으로 움직이고 있는 것으로 보인다는 제 코멘트가 실렸습니다. 미국에서 영향력이 있는 양대 신문에 그런 코멘트가 실렸으니 역시 정권 측의 심기를 건드린 모양입니다. 워싱턴포스트의 특파원에게 메일을 보내고 워싱턴 일본대사관의 공보담당공사와 일본 외무성의 국제보도관이 각각 개별적으로 도쿄 지국장에게 나카노 같은 어디의 누군지도 모르는 사람의 이야기를 듣지 말고 보다 신뢰할 수 있는 사람을 소스로 사용하도록 하라는 내용의 메

일을 보냈습니다. 그 저널리스트가 화가 나서 다른 외국 특파원과 저에게 그 이야기를 했습니다. 저도 증거 메일을 가지고 있습니다. 외무성 관료가 그런 식으로 저를 깎아 내리는 짓을 굳이 한 겁니다. 관저의 지시가 있었는지 어떤지는 모르겠습니다. 없었을지도 모르지만 역으로 말하면 외무성 관료가 그렇게 하지 않으면 곤란하다고 생각하고 있을지도 모른다는 겁니다. 정권 중추의 정치가들이 그런 견해를 가지고 있는데 외무성이 그것을 퍼트리지 않는다면 괘씸한 것이라는 이야기입니다. 국제보도관이라는 사람은 개인적으로 몇 년 전부터 알고 있는 사이인데 결코 그런 우익적인 미친 신념을 가진 사람이 아닙니다. 국제결혼을 했으며 매우 이해력이 있는 사람이라고 생각합니다. 그런 사람이 완전히 변해 버린 것인지, 일로서 하고 있는 것인지는 모르겠지만 그러한 레벨까지 와 버렸다는 것이 개인적인 체험입니다. 이번 건에 관해서도 솔직히 과연 내부에서 대응을 하긴 할 것인가 하는 생각이 드네요.

박철희 소장 : 시간이 다 되었으므로 이것으로 마치겠습니다. 굉장히 흥미로운 강연을 해 주신 나카노 선생님께 다시 한 번 큰 박수를 부탁드립니다.

講演録

- 日本の右傾化というのはこれで終わらな
- いと思います。構造的に自民党の中
- で、右翼政治家が増えています。そこ
  が今主流になってしまっているので。
  私は右傾化は日本だけでおきている現象
  ではないと思います。このような右傾化
  の流れ、ナショナリズムと改革路線の抱
  き合わせ、そういったものはいろんなと
  ころでおきており、お互いがお互いを必
  要としています。楽観できないそのよう
  な状況は残念ながらしばらく続いて行く
  であろうと思われます。

講演録

日本政治の右傾化

中野晃一

朴喆熙所長：194回目の日本専門家招請セミナーを始めま
　　す。普段は新しい研究者や韓国でまだ紹介されて
　　いない研究者のセミナーを行うのですが、今日は特
　　別に日本の中でも一番忙しい先生に来ていただき
　　ました。お忙しいスケジュールにも関わらず、こう
　　してソウル大学に来てくださったことを感謝致し
　　ます。タイトルが「日本政治の右傾化」ということ
　　なのですが、右傾化という言葉は、韓国ではよく使
　　われるのですが、日本のリベラル派の先生方と話
　　をしても、「保守化はしていますが、右傾化はして
　　いません」とよく言われ、日本ではあまり使われな

い言葉です。そのような中、中野先生が『右傾化する日本政治』という本を出されたのは非常に刺激的で、私が夢中になって読んだのは非常に久しぶりで、中野先生の本は私が注目して読んでいる本です。また、先生が「日本再建イニシアティブ」という船橋洋一さんが行われているプロジェクトに関わっておられ、『「戦後保守」は終わったのか』という本を出されております。若手の先生を全部集めて、戦後保守の流れをどう見るのかという研究も行われており、非常に明快で分かりやすいお話をなさっております。中野先生は東京大学を出て、イギリスのオックスフォード大学で勉強した後、アメリカのプリンストン大学で博士をとった、非常に国際派の先生であり、学問的なレベルの高い方です。ニューヨークタイムズやBBC、日本のメディアでも必ず論調を出しておられますし、実際に研究した内容を活かして、リベラルの社会運動も展開されております。「立憲デモクラシーの会」、「安保関連法に反対する学者の会」などに関わっておられ、コアのメンバーでおられます。中野先生はリベラル政治運動の革新的なコアメンバーですので、中

野先生を今日こうしてお招きし、お話を聞くことができてとても幸いです。

〈講演〉

　朴先生ありがとうございます。みなさん、こんにちは。今日はこのような機会をいただきうれしく、光栄に思っております。本業の政治学よりも、最近は講演などで忙しくしております。日本政治の右傾化については、10年以上前の小泉政権のときから何かが大きく変わってきていると認識しており、そのころから自分なりに研究をしております。安倍さんが戻ってきてから、いよいよこれはまずいことになっているのではないかと思い、先ほどご紹介していただいた『右傾化する日本政治』という本を出しました。実際には、右傾化するという言葉を出版社がタイトルで出すということは、多少勇気がいることで、岩波書店だったので問題にならなかったのですが、他の出版社ではあまり使いたがらない状況にあり、それ自体を見ても、やはり右傾化している社会を示しているのではないかと思っています。私自身はあまりごまかすことをしないで、右傾

化ということをはっきりと言っています。右傾化にはいくつかの異なる次元があります。伝統的にフランス革命以来、右と左といったときは、平等を志向するのか、権威主義的に経済のことも含めて社会を縦に見るのか、それともできるだけ水平に見るのかの違いが挙げられます。日本の場合は、特殊な戦後の状況で平和主義なのか、再軍備路線なのかというようなことも挙げられます。その他、韓国や中国などの近隣諸国、日本の侵略戦争の被害を受けたアジア諸国との和解を志向するのか、それとも歴史を書きかえるほうを目指してくのかという、いくつもの異なる次元があります。これらの4つの局面で見ているのですが、経済的な貧富の差の広がり、個人の権利を重視するのか、国家の権利を重視するのか、平和なのか、再軍備なのか、また、近隣諸国の和解を志向するのか、歴史修正主義なのか、この4つの軸から見ても、いずれの場合においても右傾化しているだろうと思っています。右傾化は安倍さんが2012年12月に戻ってきて急に始まったのではなく、もっと長いスパンで右傾化が進んできました。ここまで反自由、権威主義的な政治に移ってきたということは、実は政治が自由化する流れの中から来てしまったという、そのような皮肉な現実もあるのではないかと思っています。いただ

いたお時間の中で時間軸をなぞるような形でお話をさせて
いただいて、特に後半は第二次安倍政権以降のことについ
ておさらいをしたいと思います。

1. 新/自由主義的な「国際協調主義」
(1970年代末～1990年代半ば)

　日本だけではなく、中国でも毛沢東、周恩来が続けて
亡くなり、鄧小平のもと市場開放路線に向かっていきまし
た。そして、韓国でも軍政から民主化への流れが、とりわ
け1980年代以降強まっていく、言ってみれば冷戦の最終盤
になると思うのですが。1980年代、ソ連ではゴルバチョ
フがペレストロイカを進めている流れの中で、日本も1970
年代の終わりから1980年代にかけて、政治が自由化してい
くという流れが始まっていたと認識しています。それ
は、経済成長を経て、アメリカの地位が日本と比べて相対
的に低下している中で、日本がより大きな役割を果たさな
ければいけないという考え方が広がっていて、その中で
は、アメリカを中心とした西側の秩序の中で、日本が外交
や他の分野でも積極的に取り組んだほうがいいという話に
なります。ここに、大平正芳さんの言葉で「経済協力、文

化外交等必要な外交努力を強化して、総合的にわが国の安全をはかろうとする」非軍事面での外交を強調した「総合安全保障戦略」というものを継承しています。中曽根さんも、その後基本的に同じような言葉使いを継承し、外交を展開していくのですが、彼の場合は、おそらく韓国でも議論になったと思うのですが、一方ではタカ派の総理として、一面国際協調的なリベラルな取り組みを含めて国際社会に開いていこうという政治性がある中で、他方では、1985年の8月15日の終戦記念日に初めて首相として靖国を公式参拝したという具合に、なかなか単純には論じることができない首相でした。しかし、そのような形で展開していき、アメリカを補佐しつつ、国際協調を図っていき、日本は自分たちなりの外交政策をとっていくということを標榜していました。それは、アメリカを補佐しつつ、アジアとの和解も志向していくということで、この1970年代末とりわけ1980年代に、東アジアにおいて、自由化、民主化の流れが強まっていく中で、日本はどういう立場にあるのか、どうやって近隣諸国やアメリカとの関係を結ぶのか、あるいは国際社会の中での地位を発展させていくのかという議論が非常に盛んになっており、1985年のプラザ合意や、ウルグアイラウンドというような通貨、経済面でも国

際協調していこうという流れがありました。また、天安門事件の対応など、これは今考えるとずいぶんと時代が変わった感じがするのですが、天安門事件が起きた後、日本も西側諸国と一緒になって、中国に対して経済制裁を加えるという面で協調はしたのですが、しかしながら、当時の自民党政権の首脳たちは、日本と中国の関係は西側諸国との中国との関係とは違う、戦争の侵略の過去ということがあるので、いずれにしても隣人として、結局はあっという間に経済制裁を解除するということで、当時中国を孤立させてはいけないという動きを真っ先に取ったのは日本であり、ヨーロッパやアメリカなどのほうが、より強硬な姿勢をとったのでした。中国を孤立させず、中国と国際社会との橋渡しをできるのは日本だけだという認識が、保守政治家にもあのころはあったということは、今考えれば、なかなか想像しづらい変化であると思います。

　軍事面においては、湾岸戦争をうけて、日本も国際貢献をしろという圧力がアメリカを中心とした国際社会からかけられ、それに対してどう対応するのかということで実現したのがPKO法案です。これについては、二つの側面がありまして、宮沢喜一さんだとか、当時の自民党で比較的リベラルな指導層が、これくらいしか日本はできないと

いう意識をもって進めた面があったと思います。また、もう一方で、小沢一郎さんや、もう少し右のほうによった人たち、今の安倍さんのブレーンの北岡伸一さんもそうですが、PKO法はあくまで入口にすぎないということで、これからもっと日本は自衛隊を海外に送っていくことができる、そのための入口としてPKO法を位置づけていたということがあり、一つの法律ではあるのですが、同じ保守層の自民党の中の政権側においても、相当違った認識があったと思います。結果的に見ても、宮沢さんたちが考えたように、これは終わりということより、入口になったということからは、後者の陣営の方が最終的には主導権を持ったということがいえると思います。自由化、民主化の流れの中で歴史認識の問題に関して、1991年に金学順さんが元慰安婦被害者として、初めてテレビの前で顔を出して名乗りをあげて問題となり、それを受けてそれに遅ればせながら、外務省側で対応し、「河野談話」が1993年に出されました。河野談話は今に至るまでも、日本人にとっては非常に論争の的になっています。その背景として、当時の自民党は全体の流れとしては、穏健保守、リベラルといっていいような人も含めて、比較的中道的な穏健な人がかなり多かったといえます。

宮沢喜一、河野洋平、加藤紘一、野中広務、その前の竹下さん、海部さんなどもそうなのですが、このような時代で、基本的にタカ派はいるにはいるが、政権の中枢には入れないという状況でありました。中曽根さんにしてもタカ派ですが、官房長官として政権を取りしきっていたのは、後藤田正晴さんで、田中角栄の派閥に属しており、元内務省の先輩であるため中曽根さんにとっては煙たい存在でした。中曽根さんが、かなり前向きに日米同盟を強化したいだとか、靖国参拝を進めてきたいということに対して、ハト派の後藤田さんは政権内部で反対し、ブレーキをかけていました。またこの段階では経済面でも新自由主義政策、小さな政府路線、小泉さんの構造改革路線につながって行く新自由主義政策を始めましたが、あくまでも穏健保守の枠のなかにはまっていたというのが当時の状況でした。そういう状況ではあったのですが、いずれにしても、河野談話が出たときは、宮沢自民党はすでに選挙に負けていて、細川政権が誕生する数日前、38年かけて初めて自民党が政権を失うという、決まっている段階で、完全にレームダックとなった宮沢内閣において河野談話が出されて、宮沢政権が潰れることとなりました。1993年に宮沢さんが負けた選挙で、安倍さんが衆議院に初当選していま

す。安倍さんは自民党の政治家としては珍しく、自民党が野党になった瞬間にデビューをしていて、当選が決まったそのときに、潰れていく政権が河野談話を出していなくなるという、彼にとってみれば許しがたい、火事場泥棒、どさくさに紛れて河野談話を出していなくなってしまったというような認識がおそらく今日に至るまで相当強いようです。そういうところが、安倍さんの政治家としてのスタートであるということが、後々日本を取り戻すというような被害者意識、薄暗い情念というものは、そういうところに起因しているのではないかと思います。まもなく自民党は、社会党党首の村山さんを首相に担いで政権に戻ってきます。このときも社会党とさきがけというかなりリベラルな小政党と一緒にやっているので、自民党の中の穏健派が主導権を握って連立政権を作りました。1990年の半ばの村山政権が終わるまでは、自由主義的なあるいは新自由主義的な両方の側面をもっているのですが、そういう従来の日本の政治よりも比較的開かれていて、国際協調を主張しつつ、日本の平和主義の伝統というものを大切にしようとしている流れがあったということが言えます。

2. 復古的国家主義の高まりと
国際協調主義の衰退(1990年代後半)

　　大きな変化を始めるのが、1990年代の後半であると言えると思います。表面上では変わったということはわかりにくく、まさか、1996年の段階で20年後に自民党がこのようになっているとは思っていませんでした。水面下で徐々に変化は起きていき、それが小泉政権下で見えてきたといえます。村山さんが退き、橋本龍太郎にバトンタッチをする。最初は自社さ政権でスタートするのですが、その後自民党の単独政権になり、橋本さんが転んで小渕さんに取って変わり、今に続く公明党との連立政権を模索していく流れになります。ただ、橋本さん、小渕さん、あるいは連立相手が社会党とさきがけから公明党へという枠組みの流れから、右傾化するというふうには見て取れません。トップ層を見てみると、橋本さんは、わりとナショナリスティックなところがあるとは言われていましたが、例えばロシアとの関係だとか、沖縄のことであるとか、なかなか多面的な外交政策をもっている首相でした。橋本さんは靖国参拝を一度はするのですが、批判を浴び、翌年からはやめるということで、一応妥協することは知ってい

た人でした。橋本さんは田中派の流れを汲んでおり、戦後保守の本流の流れを汲んでいる人であり、小渕さんも同じでした。その後、森さんに変わりましたが、森さんも岸、福田と安倍さんに続いていく派閥でした。言うことは乱暴で右翼的なところもあったのですが、政策面でそれほど突出したことはしませんでした。彼によって大きく何か変わったということはありません。そういう意味では、1990年代後半も指導層を見ていると穏健な状態がまだ続いていたように見えていたのですが、背後に大きな変化と分かるものが展開してきたといえます。一方で、再軍備路線ということから言うと、PKO法を作ってはいたのですが、その後韓国の金大中政権でもあった問題意識であると思うのですが、アメリカが東アジアから撤退していってしまったらどうしよう。冷戦が終わったけれども、東アジアには中国や北朝鮮もあるということで、冷戦が必ずしも終わったとはいえない状況にあり、その中で米軍のプレゼンスが東アジアで低下するようなことがあるとまずいのではないかという意識が日本にも韓国にもあったと思われます。村山さんは社会党ですので、日米安保強化はできず、橋本さんに代わった途端に、日米安保強化の方向にどんどん展開していくことになりました。それは、日米安全

保障共同宣言を皮切りに、とりわけ朝鮮半島有事、台湾有事というような、周辺事態で何か起きた場合どうしようということで、アメリカをここに留めておこう、置き去りにされないようにしようということをしつつ、日本のできることを増やしておこうという政策が採られていくことになるのです。しかし、外交政策の面から言えば、先ほど申し上げたように、橋本さんにしても、小渕さんと金大中との関係がありましたし、森さんにしてもエリツィンとの関係もあったので、日本の外交はこの時までは比較的多面的な外交をしていたと認識しています。しかし、その中で日米同盟の強化というのが、実は進んでいました。もっとはっきりと水面下にあったのは、歴史修正主義の問題、歴史認識の問題のバックラッシュが始まっていました。安倍さんたちなどの、ポスト冷戦の戦後生まれの政治家たちを中心に、日本の右派政治家は世代交代をしています。実際に戦争体験があるような右派政治家というのも、自民党ではいたのですが、なかなか主流になれなかった。そのような人を中心にすると政権基盤が揺らいでしまうからそういうことは避けようとしてきた。そのような時期の1980年代を通して、そして1990年代半ばにおいては、おそらく韓国でもよくニュースになっていたと思う

のですが、大臣や政党幹部などによる「韓国が頼むから併合をしてあげた」とか、「植民地支配はしていない」だとか、「南京大虐殺はない」だとか、「慰安婦は売春婦だ」とか、そういう発言が出ると大騒ぎになって、その場合には必ず辞任や更迭をさせていました。日本の評判に関してはダメージは大きいですが、このことは何を意味しているかというと、全体的には比較的リベラルで穏健な指導層の中で、中にはナショナリストの政治家が大臣としていて、暴言を吐いてしまう。一人で言ってしまい、周りが支えないから辞任に追い込まれる。もちろん、政府の要職にある人が、そういうことをいうので、日本は本当に謝る気があるのかと批判をあびるということがあります。そのようなことを繰り返していたのです。1996年、そして1997年というところあたりから、右翼系の政治家やメディア、市民運動というのがこれまでとは異なる戦略を取り始めました。例えば、それまでの右翼政治家というのは、竹槍を持って突撃していって、一人だから返り討ちにあって、やめさせられるということになっていたのが、団結して組織化してみんなでマーチするようになっていきました。そうすると、これはなかなか簡単に手がつけられません。新しい歴史教科書をつくる会が1996年12月に発足し、

まさに今となってみれば、政権中枢が持っている歴史認識というのがここで大きく取り上げられたといえます。日本の社会は特に反応せず、学者たちもまじめには対処しませんでした。これはある意味無理はないことで、つくる会には歴史家がいません。文学者や、小林よしのりのような漫画家など、そのような人たちが歴史教科書を作るということで、大学できちんと歴史を研究してきた人は当たり前の話なのですが、相手にしませんでした。これが大きな問題になるのは、ポピュラーカルチャーのほうで、これが浸透してきてしまったからです。1995年から、どんどんインターネットやコンピュータが社会に広まってきて、ネット時代に入ってきていますから、ネットやポピュラーカルチャーなどで、右翼的な歴史観がどんどん再生産され、拡散し、広まっていき、今にいたる問題を作り出しました。これに対して、リベラル派、左派は極めて無防備で警戒感もなく危機感も全くありませんでした。しかし、安倍さんたち、「日本会議」、あるいは「日本の前途と歴史教育を考える議員の会」の若手議員もそうですが、これらの運動体は、徐々に河野談話、村山談話が出るということで、彼らからすると自民党が入った政権であるにも関わらず、こういうことが出てくるのは、許しがたい裏切りで

した。そして、少しずつ巻き返しをはかっていき、そのような新しい世代が一緒になってどんどん結束していきました。これを加速させたもう一つの事情は、政党政治にありまして、このころまでには社会党が大変弱まっており、皮肉なことに、村山政権において社会党は最後にもう一度政権に入ったわけですが、それが最後であり、以降弱小政党に転落していきます。ブレーキをかける革新勢力がどんどん弱まっていき、自民党の右傾化を止めていた革新勢力というのがなくなり、自民党のブレーキが解除されたので右傾化するという、政党政治のダイナミズムが起きていたのです。その一方で、1997年、1998年までには社会党に取って変わって、メインのライバルとなるのが民主党ということが明らかになってきます。それまでは、小沢さんの新進党や、民主党がまだできたてで、どうなるかわからない状態だったのですが、最終的に小沢さんが新進党を解党し、自由党に純化路線をしてしまい、小沢さんと共に活動をしてきた人が民主党に1998年に合流することになり、1998年までには民主党が自民党のメインのライバルであるということが明らかになりました。そうして、自民党はわざと右傾化路線を取るようになったのです。というのは、民主党を構成しているのは、元社会党、元さきが

け、そして元自民党でバラバラでした。自民党から来た人は保守で、元民社党などかなり右翼の人も入っているので、全体としていろんな外交、憲法、安全保障や歴史認識が、民主党はやはりばらばらでした。自民党は民主党を割るために、わざと小渕さんがやった国旗国歌法案などの右翼的な法律を出すことで、民主党が対応できなくしました。典型的なのが国旗国歌法案を作ろうとしたとき、民主党は半分に分かれ、菅さんが反対、鳩山さんが賛成するという具合でした。自民党はどんどん右に純化していって、民主党を牽制するということが進んでいきました。自民党から見ると民主党は左翼の集まりなので、政権につけたらいけないということで、どんどん右寄りしていった新しい政党政治の力学が働いたということが言えると思います。その中で戦後の自民党政治を支えてきた、田中派の流れや、大平らの流れが信用を失い、弱まって行き、衰退し、自民党の中で次の世代として出てくる政治家に右寄りの政治家が増えていきました。

3. 対米追随路線の確立(2000〜2008)

　　それが、一気に進んでくるのが、小泉政権というこ
とになります。これは実際に2005年の記者会見で言ったこ
とですが、日米関係が緊密であるほど、韓国や中国などと
の関係も良くなる。簡単に言ってみれば、韓国や中国との
独自の外交はやる必要はないんだ。アメリカとの関係さえ
良ければ、あとは解決するという発言をしてしまいまし
た。後に釈明はしているのですが、かなり本音が出たと思
います。アメリカについて行けばあとはそれでいいとい
う、外交政策の劣化、矮小化が急速に始まって行き、平和
主義が大きな危機に直面しているということがありまし
た。イラク戦争の流れの中で展開して行き、この中で非常
に興味深いのは、小泉さんは新自由主義者なのに、靖国に
こだわり続けたということがありました。特にナショナ
リストではないにも関わらず、心の問題だから行くとい
いました。行くなといわれたら行くという頑固な側面があ
り、靖国参拝を政治的に利用していました。それに対し
て、安倍さんは靖国参拝をしたくて仕方がありませんでし
た。本心から靖国参拝に行きたかった。ということで、小
泉さんと安倍さんはそのようなところで違いがありまし

た。しかし、小泉さんは自民党には珍しく、郵政民営化を含む構造改革路線が大好きな人で、竹中平蔵さんを使って改革を進めていきました。そういう改革を進めて行くときに、派閥の反対を乗り越えるために、派閥のトップに相談せず、派閥のナンバー2を引っ張ってきて、重要大臣にしてしまうということをやりました。派閥を潰すにはこれ以上有効なことはないのです。ボスのすぐ下のライバルになるかもしれない人を連れてきて偉くする。そうすると、登用された人は小泉さんに対して忠誠を尽くし、派閥はどんどん弱体化する。派閥の力を弱めるには、とても有効だったのです。そのように登用されたのが、加藤紘一さんのナンバー2の谷垣さん、河野洋平さんのナンバー2の麻生太郎などの小泉さんからみれば、次の世代の人を使いライバルにならないように遠ざけ、次の世代を養成するようにしていました。養成された次の世代に、安倍さん、中川さん、麻生さん、平沼さんなどの右翼政治家がとても多かった。これが一気に自民党をさらに右傾化させていく形を進めて行くことになりました。靖国参拝もあり、アジア諸国との関係が大いに冷え込み、安倍さんが第一次政権をとったときには、そういう意味では彼は抑制しなければなりませんでした。日本においては長期政権であった小泉

さんの負の遺産を相続し、格差社会の問題や、日中関係が
こじれたことなどに関して、何かしなければならないと
いうことで、安倍政権は1年という短期で終わったのです
が、靖国参拝することを諦めたり、あるいは中国との関係
で少しずつ歩み寄りを始めたということは、安倍さんなり
に遠慮した部分がかなりありました。とはいえ、防衛省を
設置したり、憲法改正のために国民投票法を制定したり、
教育基本法に「国を愛する心」という言葉を入れるなどをし
てきたので、安倍さんは一年間の任期にも関わらず、相当
大きな変化をさせてきました。

4. 新/自由主義への
部分的揺り戻しとその限界(2009~2012)

　自民党がどんどん右傾化していき、純化路線が進んで
いた90年代の後半以降は、出て行った穏健保守の人たちが
民主党に結集していっていたので、結局民主党が最終的に
はそこを牽制して、民主党が最大のライバルであり、民主
党が自民党の暴走を止めるという形にどんどん変わってき
ていました。実際に安倍さんのもとで、2007年に参議院選
挙で自民党が負け、そして2年後には政権交代ということ

で民主党政権が誕生しました。ところが、民主党政権というのは、ばらばらの寄せ集めというところもあり、また同時にこれといって市民社会の基盤に目指して政権交代をやったわけではありませんでした。民主党政権ができたときに、BBCの特派員にインタビューされ、歴史的な政権交代だと思うといったのですが、その人は皮肉をこめて、じゃあどこに行けば噴水に飛び込む市民の姿が見られるのかと言いました。確かにそういうのはないなと思いました。他の国ならば、市民社会で新しい党ができて、新しい政権を作ることで盛り上がるというのに、最大の野党が選挙に勝って与党になるというのは、日本の戦後においては始めてのことですから、そういうときに狂喜する喜びを街角であらわす市民の姿が見えなかったというのは民主党政権の実態を現していると言えます。いわゆる、風が吹いたということにすぎなかった。わりとお客様的な態度をもった有権者が、自民党にはうんざりだから民主党に一度やらせてみるか、という程度でした。民主党に対する期待は、実はそれほど根がはったものではありませんでした。それが明らかになってくるのは、政権交代をしたといっても、自民党の長期政権の下、与党だけが政権を作っているではなく、官僚制、マスメディアの記者クラブ制度

や、日米の政策関係者なども合わせて共に政権を作ってい
たわけですから、与党だけ変えて、民主党が入ってきて官
僚に向かって、「今日からお前らは俺の子分だから言うこ
とを聞け」といっても何も変えることができなかった。抵
抗に遭いふらふらしだしたときに、民主党が辛い時も支え
てくれる有権者がいませんでした。そうすると内部分裂を
し、小沢さんとの大きな闘いが始まり、小沢さんを切ると
いったときに政権を維持するために官僚、とりわけ財務省
にすがっていました。ということで、最終的に民主党政権
というのが、原発を再稼動させ、TPPを進めようとし、消
費税税率をやろうとするなど、自民党の政策と全く変わら
ない政策を一生懸命やるようになってしまいました。

5. 寡頭支配(オリガーキー)の暴走(第2次安倍政権～)

　その結果、民主党は2012年の12月に有権者に突き落と
されることになりました。このときに、安倍さんが「日本
を取り戻す」という選挙スローガンで戻ってきます。安倍
さんが勝ったとき、自民党の支持が上がったわけではあり
ませんし、全く上がっていません。得票率ということで言
えば、安倍さんが戻ってきて、自民党が圧勝したときに獲

得した票よりも、麻生さんで負けて、民主党政権ができたときに自民党に投票した数のほうが多い。今に至るまで麻生さんで大負けしたときの票を取れていません。人気が回復し、自民党が好きで戻ってきたわけではありません。何が起きたのかというと、民主党が没落し、野党が分断され、投票率が下がりました。だから、コアの自民党支持層は基本的にずっと変わっていません。小泉さんのときにちょっとだけ増えましたが、基本的に6人に1人の日本人しか自民党に投票しません。しかし、6人に1人の日本人が投票すれば投票率が低くて、野党が割れていれば、小選挙区制のせいで衆議院の場合、圧勝できてしまいます。だから、政治主導で右傾化が進んでいっているというのはそういうことで、社会のほうから安倍さんのアジェンダを熱烈に歓迎し、日本を取り戻すということを成功させたわけではありません。しかし、有権者はそういうことは知らないので、安倍さんが勝つということで、安倍さんはすごく支持をされており、安倍さんは勝ったから、やりたい放題やるということで、どんどん変わっていくことになりました。96条をまず変えて、憲法を変えやすいようにします。あるいは、日本版の「国家安全保障会議」、「特定秘密保護法」を作り、集団的自衛権を行使する方向に進んでい

く。その一方で日本はアメリカと並んで唯一、中国が主導しているAIIBに入らない。あるいは公約を破ってTPPを推進するということで、対米追随路線というものを非常に強めていきながら展開を行っています。

　この後レジュメに書いてあることは、安倍政権において、どういうことが起こってきたのかということなのですが、安倍政権を支えているのは、小泉さんを支えている政治連合と同じ形であると私は思います。ただ、どちらが主導権を握っているのかについては、必ずしも小泉さんと同じではありません。アメリカについて行き、アメリカのような経済や軍事、アメリカに従っていくような方向で日本を改革し、政策をアップデートしていて、官僚や学者にそのような人が多いです。あるいは、自民党の中でも穏健な人だとそういうタイプが多いです。日本はこのままでは沈没してしまうので改革をしなければいけない。アメリカみたいになっていく、アメリカの望むような姿になっていくという改革路線をとる。それは、TPPに参加をしたり、軍事面でもアメリカが望むように、集団的自衛権を行使するという方向に行くということであります。それとやや矛盾する形で、もう一方の基盤というのが、復古的なナショナリズムであり、靖国参拝や慰安婦問題に対す

るねじ曲がった見方を信念とする人たちが、また政権基盤を握っているということです。教育勅語を復活させようとか、伝統的な家族、女性の社会での役割などを含めて教育、家族、歴史、道徳などのいろいろな面で復古的なものを進めていこうというのが矛盾しています。一方では、アメリカに従属していく、しかもネオリベラル、リベラルというような改革をすることで、伝統的な復古的な日本のあり方とは矛盾しているわけです。しかし、矛盾しているが強いところがあって、一方ではワーキングプアがでてきて、そういう人たちがナショナリズムの言説、排外主義ヘイトに引き付けられるというところがあります。これは、おそらく韓国でも見られることですし、アメリカやヨーロッパでも見られることであると私は認識しているのですが、一方では昔の保守のあり方、田中角栄や大平さんの時代もそうなのですが、伝統的な戦後の冷戦期の保守というのは、国民を統合するために貧しい人、労働者や地方などに補助金を出し、ある程度お金で解決しようとしてきました。そうすることで、一体感を出すということをやっていました。公共サービスを含め、保守政治ではあるのでそのような政策を行いますが、平等にする気は全くありません。親分が子分の面倒を見て、その代わりに子分が

親分の票を持ってくる。ところが、構造改革路線になって、財政赤字もグローバル経済になってきて、改革をする必要性が浮上し、お金で解決できなくなり、またその気もなくなってきて、お金をあげないが、日の丸で包んであげるから誇りを持ちなさい、あなたは日本人だからということをするのです。そして、韓国は生意気だ、中国はけしからん、北朝鮮は危ないというように煽ることによって一体感を確保しようとする。イデオロギーや情念などの感情的なもの、そのようなナショナリズムが出てきました。安倍さんのナショナリズムに特徴的なのは、非常に中身がなく、観念的です。実際に行っている政策はナショナリストと言い難いです。単純に考えてみると、米軍基地を作るために、沖縄という日本の一部で日本人が反対しているものを蹴散らかして、米軍基地を一生懸命作ろうとする。TPPをやらないと言いながら、選挙に勝った後進める。そのどこがナショナリズムなのでしょうか。郵政民営化に反対して出てきた人もいましたが、そういうことをすると痛い目に合うとわかったので、今の自民党は誰もものを言わなくなってしまいました。ですので、本当の意味でのナショナリストの人も含めて、ものをいわなくなってきていて、実際にはアメリカに追随していき、どんど

んアメリカ的な経済や軍事路線を進めていき、その一方で
やたらと日の丸をかざして、君が代がどうしたとかいう
ことをやっている。

　ちょっと先に飛びますけれども、慰安婦問題におい
て、去年の暮、日韓の両政府の「合意」ということが出来ま
した。実は、私はそれに対して批判的な立場なのですが、
なぜ急に出てきたのかについては、韓国でも謎に思われて
いると思いますし、日本でも大きなサプライズでした。安
倍さんがそれをやったのは、アメリカに押されたからで
あって、集団的自衛権の行使を容認しなければいけない、
また安保法案を去年の9月19日に成立させたため、アメリ
カ側からすると、次に日本に何をさせたいかというと、慰
安婦問題を解決させたい、慰安婦問題を解決しないと日韓
の両政府が準軍事同盟を強化することができない。北朝鮮
や中国の戦略、そしてアメリカの戦略を考えたときに、日
韓両政府は慰安婦問題がハードルとなっているため、軍事
面での協力を強化できないということが、アメリカから
すると一番の問題となっていたのです。もちろん軍事強化
が大事だということをアメリカが言ってきた。実際に力を
持っている人からすると、どちらが大事かというと、軍事
強化だということになります。日韓関係がそういったこと

で強くなることができる。そういう圧力がずっとかけられてきました。安倍さんはおそらく集団的自衛権の行使を容認することによって、各国の代表に日本の総理大臣としては初めてアメリカの議会で演説をさせてもらうなど、とてもかわいがってもらえました。日米関係をやっている人はみんな、オバマさんとソリの合わない安倍さんが首相であるにも関わらず、日米関係はこれまでないものになったと言っています。日米関係をやっている人たちからすると、日米関係が今までこんなによかったことはなく、どう考えてもあの二人は合わないので、安倍とオバマの仲が良いからではない。しかし、それにも関わらずうまくいっているのは、安倍さんが、まわりの官僚や外務省を含めて日米同盟を強化する方法でやっていくということが、政権を維持できる方法であるという信念を持っているからと言えます。バランスを取りながらやらなくてはいけないのです。新年に入って憲法改正をするということを言い出しており、場合によっては9条もやりたい、2/3をとってやりたいといっていますが、これは意外であると受け止められました。安倍さんがやりたいということはみんな知っていましたが、公にはそんなことは言ったことがありませんでした。選挙があるときには、アベノミ

クス、消費税導入先送りなど経済のことを言って、この道しかないと言ってごまかしてきました。それなのに、なぜか今年は参議院選挙が夏にあるにも関わらず、新年早々憲法改正をやりたいと言い出しました。それは、なぜなのかということですが、私の読み方では、日韓両政府の「合意」をやってしまい、保守派からは安倍さん何をしているのかと不信感を抱かれたのです。安倍さんが慰安婦問題をこじらせた当の責任者ですから、彼らがこじらせたわけですので、その彼が突然それを直したいといって、一応朴大統領と合意をしたということになると、安倍さんについてきた保守主義的で歴史修正主義な信念を持っている人たちからすると、不審に思います。そこで、彼らを黙らせ満足させるために、憲法改正をやるという。憲法改正をやるのは大変だし、時間がかかりますから、安倍政権が続く意味ができます。これから本丸が憲法改正だということで、求心力を高めたいので、そういうことをいわざるを得なかったということがあります。そういう意味で安倍さんはバランスを取りながら、アメリカに寄っていき、軍事経済面での改革を進め、それで復古的なものを進めていく。最終的にこれはどうなっていくのか、私は間違いなくこれは崩壊すると思っています。ただ、時間はいつになるか分

かりません。私自身は、ご紹介していただいたように、安倍政権に反対する野党の動きだとか、市民社会の動きというのに、研究者としての身分から、一人の市民として関わるようになっていて、もちろん野党や市民の側から安倍政権を倒すということをやりたいのですが、多分そうはならないと思います。研究者として日本の政治を見た場合、一番可能性の高いシナリオというのは、安倍政権が内部分裂を起こして潰れるという形になる。それは、二つの勢力のバランスを取るというのはそんなに簡単な話ではないので、やはり何かがまずくなると思われます。今どこの国でも経済運営はとても難しく、何をやってもそれほどうまく行きようがない。アベノミクスは明らかに失敗してしまいました。その中でそれがいつぶれるのかという状態にあり、そのような問題を抱えながら、野党との関係がゆさぶられてくるとなるといろんな問題が起きてきて、安倍政権は内部から壊れていく。あるいは安倍さんは影響力を保持した状態でやめたいと思っており、そういう方向に行く可能性が高いと思われます。伝統的な自民党の政治のあり方なのですが、竹下さん、田中角栄、森さんもそうですが、総理としてというよりも、総理をやめてからのほうが影響力を維持している人が多いです。安倍さんから

してみれば体調の問題もありますし、大きな目的を達成してきてしまうと、憲法改正はやるのが大変ですから、夏の選挙で2／3をとったらもっといくことになりますけれど、2／3を取れなかったとしたら、その段階で安倍さんは過半数をとってでもやめる可能性があります。憲法改正をやりたいということで選挙をやっているのに、2／3取れなかったらどうするの？という話になるのです。安倍さんは他にやりたいことはありません。安倍さんが経済をやりたくて政治をやっているとは誰も思わないですし、明らかにそうではありません。アベノミクスはいっているだけで、本人は全く関心がありません。そういうのがないと政権に戻れないということがわかっていたので、それを熱心にやろうということはしません。ましては、アベノミクスは明らかに失敗しているので、この先どうやって運営したらいいかということを考えるだけで、頭が痛くなります。だから、それはもういい、逆に今まだ影響力がある段階でやめて、後継者を事実上指名して、院政をしくというかもしれません。私はそれなりに今年くる可能性があると思います。そういうと、みんな楽観的だというのですが、私はそう思っています。日本の右傾化というのはこれで終わらないと思います。日本の政治の右傾化とい

うものは、安倍さんで始まったわけでもなく、安倍さんで終わるわけでもありません。もちろん、安倍さんによってかなり進んでしまったということはありますが、構造的に自民党の中で、右翼政治家が増えています。そこが今主流になってしまっているので、安倍さんが影響力を維持する形で政権を委譲するならば、稲田朋美という人が今一番の候補として名前があげられます。私が最近聞いた話では、大阪の橋下徹さんを考えているらしいです。これはとんでもない話なのですが、そんな簡単に右傾化している流れは終わりません。例えば、安倍さんがあまりにも右に寄っているから、有権者からノーを突きつけられてやめたならば、例えば、谷垣さん、野田聖子さんなどのもう少し穏健な人が総理大臣になる可能性があります。けれども、先ほど申し上げた中曽根さんとは逆の状況になるのです。中曽根さんはタカ派の政治家だったけれども、周りはハト派が固めていました。当時の自民党の枠の中で政治をやるしかなかったので、あまり大きなことはできませんでした。谷垣さんとか、野田聖子さんが次になったところで、自民党が穏健リベラルな方向に行くかといったら、それもまた難しいと思われます。というのは、政権地盤を支える党内のことを考えた場合、あるいは自民党を支えてい

る組織というものを考えたとき、相当右傾化してしまって
いるからです。イデオロギーだとか情念に相当偏った政治
になってしまっている。あとは、国際関係でいうと、先ほ
どから申し上げているように、私は右傾化は日本だけでお
きているわけではないと思います。おそらく韓国でもあ
るだろうし、このような右傾化の流れ、ナショナリズム
と改革路線の抱き合わせ、そういったものはいろんなとこ
ろでありますので、お互いがお互いを必要としていま
す。北朝鮮がミサイルや核兵器だとかを取り上げるたびに
安倍さんは喜んでいます。楽観できる状況ではないのです
が、そのような状況は残念ながらしばらく続いて行くであ
ろうと思われます。レジュメの後半は安倍政権の細かい部
分、歴史問題、言論の弾圧、報道機関に対する弾圧だとか
の報道の自由、学問の自由に関することについて書いてあ
りますので、具体的な点に関してご関心があれば、お答え
したいと思います。時間になりましたので、私のほうか
らの話はいったんここで終わらせていただきます。ご清
聴ありがとうございました。

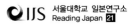
서울대학교 일본연구소
Reading Japan 21

質疑応答

- Q. 市民社会の右傾化と政治の右傾化の関係についてお聞きしたいです。

- Q. アメリカの影響でこのように国内政治が右傾化する傾向もあったのではないでしょうか。

- Q. 先生は国際強調主義と親米的な追随主義を分けて考えられているのですが、対アジア協力と国連協調との関連はどうなるでしょうか。

質問者1：簡単に参議院選の先生の読みというか、衆院選
　　とのダブル選挙がありうるのかということについてお
　　聞きしたいです。

中野晃一教授：参議院選挙に関してですが、今野党の協力
　　が少しずつ進んでいます。候補者調整をしていて、最
　　終的には32ある1人区のうち、ほとんど全てで野党の
　　候補者の一本化ができると思います。それはやはり、
　　民主党、共産党も含めて合意したので、最終的にうま
　　くまとまりづらいところが出てきたとしても、共産党
　　が自分の候補を降ろすと思います。ですので、一本化
　　ができるだろうと思います。私自身も「市民連合」に関
　　わっており、野党共闘を押しているので、市民が主導
　　となって、参院選挙で安倍自公を防ぐということ、大

阪維新などの改憲勢力にとらせないというのが現実的な目標であり、そのためには32の1人区のうち11くらいは野党側がとらないとまずいと思われます。何しろ投票率が下がっていて、その中でも1 / 6しかなく、投票率を上げることが大きな問題になります。衆議院選挙で52.7％、参議院選挙で52. 6％ですから本当に低いです。それを60％台にのせて、投票率を60~70％に盛り上げることができれば、野党はかなりいい成績を収め、安倍政権の退陣につながるような選挙結果になるのではないかと思います。1人区に集中してやっているのはそれが理由で、小泉さんの郵政民営化選挙を逆にやるような感じです。自公の暴走を止めるか止めないかという選挙の争点にして、ここでブレーキを踏まなくてはまずい、憲法改正するどうこうの議論はあってもいいけれども、この政権でやってはだめでしょう。そのような形で最近諦めて、投票に行かなくてもいいやと思っている人たち、何も変わらないと思っている人たちに、この選挙にはいったほうがいいということが伝わるかどうかが勝負になると思っています。ただ、これからです。今の市民運動に関わっているものからみると、実際にはなかなか大変だと思い

ます。放っておくと、本当に1人区は岩手、沖縄を含めて自民党が全部とってしまうというのもおかしくはないというところです。民主党はあまりぱっとしませんから、できるだけ盛り上げて、これは面白い選挙だ、行ったほうがいいと思わせることは、そんな簡単な話ではないので、どちらの可能性もあり得ると思います。安倍さんがすんなり勝って終わってしまって、それから改憲に向かっていくということもあり得ると思います。ダブル選挙に関しては、今年は選挙があると思われますが、ただダブルになるかどうかについてはわかりません。なぜわからないかというと、ダブル選挙があると脅していれば、民主党はお金を使い続けないといけませんから、お金がないのにお金を使い続けないといけなくなるので、ダブル選挙があると自民党が脅すのはわかります。やるかわからないけどやるぞという雰囲気を作っておいて、お金を使わせておいて、やらなければいいのです。ですから、とりあえずダブル選挙をやるというのは当たり前であり、本当にやるかどうかはわかりません。なぜかというと、マイナス点も大きいからです。というのは、ダブル選挙をやると投票率が上がるので、そうすると自民党に批判

的な人も選挙に行くようになります。それが、まして
や憲法改正が関わっているというので、行ったほうが
いいな、こんな大事な選挙が二つもあるんだといった
ことになると、必ずしも自民党の思い通りにはならな
い。かつて、1986年の中曽根さんでダブル選挙があっ
たときは、投票率が上がると自民党は勝つという時代
でした。ところが、今は森さんが本音でみんな黙って
寝ててくれたらいいといってしまったくらい、自民党
は投票率が下がったほうが勝てるので、投票率をあげ
てしまうダブル選挙をわざわざやって、しかも両院を
とれなかったら一体何のためにやるのかということに
なり、結構ハードルをあげることになるので、本当に
やれるのかどうかはわかりません。多分メリットとと
しては、衆議院もやるとなると野党を分断しやすいと
いうことです。というのは、小選挙区制で衆議院の候
補者調整をやるのは難しいので、野党を分断するとい
うことは自民党にとってはいいことであります。二大
政党制で真ん中によってくるというのは、日本では全
然あてはまらないと思っているので、真ん中を狙って
勝てるわけではないので、自民党が真ん中を狙うメ
リットは何もないのです。投票率を下げて分断してお

けばいいわけで、政党間競争のモデルが多くの場合嘘なのは、A党とB党というように水平上の闘いのように言いますが、実際の選挙というのは政権与党対野党です。日本の場合、政権与党というのはすごく有利なわけです。そうすると、政権与党は自由なマーケットで競争するよりもマーケットを歪めたほうがいいんです。マーケットに沿って動く理由はどこにもないので、実際に自民党は権力を使って分断をして、投票率は別に下がってもかまわない。ダブル選挙はわからないですが、今年やる可能性はあるとは思います。

質問者2：HK研究教授の陳と申します。全体的な政治の流れの話で非常に勉強になりました。質問は二つです。途中で話が出ましたが、一つは政治主導の右傾化という話で、市民社会の右傾化と政治の右傾化の関係についてお聞きしたいです。もう一つは、アメリカとの関係についての質問です。レジュメの中で小泉政権のころ成立した安保関係の法律が並べられています。2003年のイラク戦争や、2001年の9・11事態など、それからのアメリカの軍事戦略が変わり、沖縄問題も含めて、日本の軍事戦略に介入したり圧力をかけたりする

ことが多くなったと思います。アメリカの影響でこのように国内政治が右傾化する傾向もあったのではないでしょうか。

中野晃一教授：政治主導と社会のことですね。非常に重要な論点で、レジュメにはちょっと書いたのですが、政党政治は政治のエリートが引っ張る形で、社会が少しずつ右傾化していったと思います。日本の場合は、政治主導で右傾化していて社会主導ではないというときに、念頭においているのは、ヨーロッパやアメリカのケースとはちょっと違うということです。何かというと、ヨーロッパの場合ですと、例えば古くいえば、1980年代から移民が流入してきて、社会の中で移民排斥の動きが始まって、そこから泡沫政党であった国民戦線(ルペン)が大きくなってきて、右傾化していった。アメリカでも共和党とはいえ、やはり草の根の保守が動く形でやってきている。それに対して日本の場合は、イタリアとドイツのファシズムと日本のファシズムは違うというのとやや似ていて、ようするに上からか下からかの話です。日本の場合は、エリートが右傾化をし始めていて、右傾化を社会浸透させていくというのが、今回も起きていると思います。それを先に

安倍さんたちが使って、メディアエリートを使って、少しずつ社会に影響を与えています。小泉政権期になってくると、在日の方に対して排斥活動をしている団体である在特会が少しずつ表に出てきて、それがネットの中から社会に出てきてしまう。象徴的なのが、小泉、安倍ときて、ある種のレジティマシーを与えてしまっていて、ネットの中でやっていた人たちが、恥ずかしげもなく外に出てきました。そうして外に出てきてどんどん劣化していきました。そういう意味では、残念ながら社会も少しずつ右傾化していっているというのはあると思います。ただ、右傾化する一辺倒かといったらそうでもありません。アメリカ側の軍事戦略ということに関して見ますと、アメリカ側から日本に対する要求というのは、1980年代、1990年代からずっとあるわけですが、貿易交渉だとか軍事面においても、それがどんどん大きくなっていきました。わりと二国間交渉という感じで、表でやってきたものが、官僚レベルでどんどん要望が突きつけられる形で進んでいます。日本の主権がアメリカに奪われていっているということが言えます。もう一方で、日本側で対米追随の外交安保政策や経済政策が強くなっている

のは、新自由主義的な政治改革、行政改革というもの
が、それを加速しているということがあると思いま
す。官邸機能の強化、大統領に近いような形で、トッ
プダウンで政策を進められるような形にして、それが
小選挙区制によって、党のトップの力がすごく強く
なっていって、あるいは中央省庁の再編によって官邸
機能が強まりました。それによって、官邸主導の外交
あるいは防衛戦略というのがやりやすくなったので
す。その中で、外務省の変化がとても大きいと思いま
す。日本の外務省というのはだいぶ変わってしまいま
した。村山談話を作った時は、チャイナスクールある
いはアジアスクールといわれるような、アジアの経験
を豊富に持っていて、アジア外交を行う人がトップに
いて、村山さんをアドバイスする形で村山談話を作っ
ていました。ところが、今回は、アジアスクールは排
除されていて、主導権を握っているのは、アメリカに
近い人で、しかも官邸の主である安倍さんや菅さんな
どとのパイプが深い人が中に入っています。そういっ
た流れというものが徐々に進んでおり、小泉政権の田
中真紀子さんのときに問題になり、脱北者が瀋陽の領
事館に入って、ああだどうだとなって、日本の中国外

交は弱腰だという批判を浴びました。その結果、チャイナスクールの排除がなされたというのは、結構大きいのではないかと思います。そういった意味では、単にアメリカが言ってきているだけではなく、日本の中で外交安全保障政策に関わっている人たちが、本当にアメリカしか見なくなってきていると思っています。もうちょっとバランスが取れた人たちがいたと思うのですが、基本的にアメリカに近いかどうかということが、すべてになってきているので、どちらの代表をしているのかという問題があります。鳩山政権ができたときに、外務省の中枢官僚の二人が、東京のアメリカ大使館に行って、鳩山を甘やかさないでくださいと言っているのです。そういう風に言ってきたということで、外交官なのに民主的に選ばれた総理大臣にやさしくしたらだめだと、厳しくやってくれとアメリカの大使館に行き言うというのは、ちょっとおかしいでしょう。しかし、一部報道されただけで、問題にはなりませんでした。それが今の外務省の実態だと思います。東アジア外交を独自にやれる体制ではまったくないのです。

質問者3：二つ質問があります。一つは慰安婦問題に対する日韓合意に関して、先生の見方をお聞きしたいです。これに関しては、全体的に韓国では日本社会に対する批判がどんどん強くなっているのですが、このようなことは日本ではどのように知られているのでしょうか。私は、大きく言えば、安倍さんの憲法改正に至るまでの過程の中で、韓国の対外政策としては失敗だと思います。もう一つの質問は、投票権の年齢が下がることで、安倍政権にどう言う影響が出るかということなのですが、今度18歳以上が投票できるようになりました。第一回の投票は多くの人がやると思うのですが、二回目、三回目以降になると若者はあまり投票をしなくなると思われます。第一回目はわりと高くなるであろうと思うのですが、この点に関して先生の意見をお聞きしたいです。

中野晃一教授：慰安婦問題に関する日韓政府の行動に対しては、日本社会としては全体的に好意的だと思われます。というのは、女性人権団体や中身を知っている人であれば、やはりおかしいと言いますが、全体としては無関心な人がとにかく一番多いので、報道の上っ面を見ていると、なにか画期的なことができたので、よ

かったという雰囲気もあると思うので、それについて
はなかなかこの先厳しいかなという気はいたします。
私自身は被害者の話を聞かず、向き合わないで、人権
侵害の問題が解決できると思うのはよくわからないで
す。いくら政治問題といっても、これで解決するわけ
はないです。ですが、一応トップでこれでもう言わな
いとしたんだとなると、日本での報じ方は、また韓国
が蒸し返してくるという、非常に不幸な状態に戻って
いくのではないかと懸念しています。

18歳選挙に関してですが、国会前の抗議行動で、若者
たちが右傾化しただけでもないんだということが、む
しろ今は反響を呼んでいます。一方では、右傾化した
ネトウヨのような若者たちがいるらしいということも
ありましたが、その一方でそうでもない若者たちも見
えるようになってきて、数にしたらそれほど多くない
にしても、やはりそれが反響を呼んでいます。今の段
階ですと、各政党やいろんな団体が若者に対して、ア
ピールする方法に関してどのように工夫しようか相当
悩んでいるように思われます。民主党や共産党はシー
ルズにできるだけ近づいて、関係を強めていきたいと
考えています。自民党は安倍さんの親戚にあたる人

が、「日本未来会議」という若者がやるようなちょっといかがわしい感じの仕組みを作ったりしています。公明党や創価学会が信者の子供や青年に対して、広告をネット上でかなり流しています。今のところまったく手探りな状態です。ただ、本当のところどこまで投票率が上がるのかはよく分かりません。今自民党が高校生の政治教育の問題、主権者教育の問題で相当締め付けようとしているということがありますので、学校で政治運動に参加する人は届出を出さないといけないという、完全な人権侵害ですけれども、そういうことをしても文科省が認めるということですから、かなり政権の意思が出ていると思います。今後のことを考えると不安です。18歳選挙となると未知数ですので、言論弾圧、学校や教育の場においてキャンペーンをするのではないかと思っています。

質問者4：先生は、国際協調主義と親米的な追随主義を分けて考えられているのですが、対アジア協力と国連協調との関連はどうなるでしょうか。復古的ナショナリズムの内容は荒っぽく、親米的な流れと対立していると言われました。私は復古的なナショナリズムは戦前

の国家主義につながるもので危ないから、親米的な現
実主義とのバランスがとれる感覚を生かしたほうが、
革新的な流れにとっても有利ではないかと思うのです
が、その点についてどう思われているのですか？

中野晃一教授：国際協調と対米追随に関してですけれど
も、とてもいい質問でして、当初は大平さんと中曽根
さんとかは、アメリカとの連携を強化するということ
と、国際協調していくということに違和感はなく、非
常に合っているというところだったのですが、あると
ころから国連中心主義で多国間外交をしていくのか、
それとも基本的に日米関係をやっていけばいいのだと
いうように、どこに舵を切るのかということが問題に
なりました。というのは1990年代後半に、日本に関わ
らず全体的に国連に対する期待感が萎んできました。
ガリ事務総長とアメリカがうまくいかなくなり、結局
はコフィ・アナンというかなり親米的な事務総長が就
任し、国連というのは、独自で安全保障体制の要には
ならないのではないかという空気が出てきました。そ
の中で、やはり日米同盟強化が大事であり、これを固
めなければならないというところに舵を切って、外務
省では未だに国際協調主義に基づく、積極的な平和主

義とはいっていますが、国際協調主義というのは全く中身がなくなって、基本的にはアメリカしか見ていないのというのが私の見方です。ただ、必ずしも最初からそうであったわけではありません。国家主義的なことと親米的な外交路線というところについてみれば、矛盾する面がやはりあると思われます。ところが、最終的にはどこが主導権を持っているのかというところが出てくると思うのですが、もちろん私が知っている人や政策関係者も含めて、ブレーキを踏む意味を込めて、安倍政権に参加し改革に力を注ぐようにし、復古的な国家主義にはならないようにしようといっている人はかなりおられますが、結果としてそのようにはなっていません。この辺は判断が分かれるところであると思います。よく政治家たちの中でも、世耕弘成さん、菅さんは親米の改革派のほうで、復古的なことをやる人たちは、それは安倍さんの趣味だから、趣味は仕事場に持ち込ませないように一生懸命がんばっているといっています。しかし、実際にそうなのかというと、正直疑問に思います。菅さんにしても世耕さんにしても、安倍さんの母体になっている「創生日本」のメンバーであり、安倍さんたちを再生させるということ

で右翼的なことをずっとやってきているので、対外的には「私は改革派です」といっています。しかし、「私は国際派で親米で日本をアップデートしてモダンにして競争力のある国にしようとしてる」ということをいいながら、安倍さんの復古的なものを止めてはいません。決して、そうことをやっていても、結局は体制側に取り込まれていて、ブレーキになっていないと思っています。

質問者5：週刊金曜日などに慰安婦問題などについて書いている吉方と申します。先ほど質問の回答として、外務省のアメリカ偏重の話を伺ったのですが、この間国連における女子差別撤廃委員会で、慰安婦問題の誤解というのが、朝日新聞の誤報のせいで広がったということを日本政府が公式な立場で主張しました。これに関しては、当初産経新聞しか報じていなったのですが、官邸からその日の当日に直接介入があったと聞いています。先ほどアメリカ偏重でチャイナスクールなどが排除されているという話でしたが、ここまで露骨な干渉を官邸が行い、なおかつ全く事実に反していることなので、こういったことを外務省として主張する

ということについて内部での不協和音というものはお聞きになっておられないのでしょうか。

中野晃一教授：政治家の介入の話ですが、恐るべきことですよね。「つくる会」だとか「若手議員の会」などができた20年前に、このような人たちが政権の中心になり、日本政府を代表して、歴史認識を示す時期がくるとは思えませんでした。一部の狂った人としか思えませんでした。しかし、それが実際に政権にあって、外務省もそれに抵抗するすべがなくなって、一緒になってやっているというのが現実だと思います。ここまで来たかと思いつつも、驚かないというのは正直ありますね。というのは、直接官邸からこなくても、すでにレジュメにも書きましたが、歴史修正主義というのは公式な公約になっており、自民党のマニフェストにもそれが書いてあって、「河野談話」の見直しはアメリカにやってはいけないといわれていますので、代わりに「クマラスワミ報告」を標的にしています。慰安婦は軍の性奴隷制度だといっている。この「性奴隷」という言葉が許しがたいんです。この言葉を広めたのは朝日のせいだといって、朝日をたたきつつ、クマラスワミ報告を変えさせようというふうにやっているということ

がありますから、当然の帰結かと思われます。私個人もそういうのに巻き込まれたことがありまして、2014年の秋にちょうど朝日が吉田証言の記事を撤回して、秋になって第三者委員会を作ってやっていたときに、読売新聞がかつて英字紙で「セックス・スレーブ」という言葉を使ったと、そのことに関してお詫びして撤回するという記事を出しました。ただ、これについて、私は政権につながる形でやっていると気がつきました。なぜ、そう思ったのかというと、朝日の第三者委員会に北岡伸一さんが入っていて、北岡さんは読売グループと非常に近くて、『中央公論』という、今では読売グループに入っている月刊誌で、朝日はこうするべきだという論文を書かれていました。公にも言っていたんです。朝日の第三者機関でも朝日のせいで性奴隷という誤解が広まったんだから、朝日が率先してこれを直せということを書いていて、読売がこのような時期にそのような記事を書いたのは誰に謝罪をしているのか分からないということで、読売もやったから朝日にも同じようにやれといってるのではないかと思いました。そのことについて取材があり、ワシントンポストとニューヨークタイムズの両方にこのように動いて

いるように見えてるという私のコメントが出ました。そしたら、やはり政権側の逆鱗に触れたようで、アメリカで影響力のある二大紙にそのようなコメントが出て、ワシントンポストの特派員にメールを送って、ワシントンの日本大使館の広報担当公使と、日本の外務省の国際報道官がそれぞれ、別個に東京支局長に中野なんかのどこの誰かわからない人からの話を聞かないで、もっと信頼できる人をソースとして使うようにという内容のメールを書きました。そのジャーナリストが怒って、他の外国特派員の人たちや私にそのような話をしました。私も証拠のメールを持っています。外務省の役員がそうやって私をおとしめるようなことをわざとやったんです。官邸の指示があったのかどうかはわかりません。なかったのかもしれませんが、逆にいいますと外務省官僚がそういうことをしないとまずいと思っているのかもしれません。政権の中枢の政治家たちはそのような見方をしていて、それを広めないと外務省けしからんという話になるのです。国際報道官という人は、個人的に何年も前から知っていて、決してそのような右翼の狂った信念をもった人ではありません。国際結婚をしていて、とても理解がある人だ

と思います。変わり果ててしまったのか、仕事でやっているのか、そういうレベルまで来たということが、個人的な体験として今回の件に関しましても、正直にやるのだろうかと思います。

朴喆熙所長：時間になりましたので、これで終わります。非常に興味深い講演をしてくださった中野先生にもう一度大きな拍手をお願い致します。

저 자 ┃ 나카노 고이치(中野晃一)

　도쿄대학 문학부 철학과, 옥스퍼드대학 철학·정치학과 졸업,
도쿄대학 총합문화연구과 지역문화연구전공을 거쳐, 프린스턴대
학 정치학연구과 석사, 박사. 현재 조치(上智) 대학 국제교양학과
교수로 재직 중이다. 전문분야는 일본정치로 특히 관료제, 신자유
주의, 국가보수주의, 신우파 전환을 집중적으로 다루고 있다.

　주요 저서로는 『右傾化する日本政治』, 『戦後日本の国家保守主
義: 内務·自治官僚の軌跡』, 『「戦後保守」は終わったのか: 自民党
政治の危機』(공저), 『いまこそ民主主義の再生を！新しい政治参加
への希望』(공저), Party Politics and Decentralization in Japan and
France(공저), Disasters and Social Crisis in Contemporary Japan:
Political, Religious, and Sociocultural Responses(공저) 등이 있다.

역 자 ┃ 고대성

　서울대학교 동양사학과 석사과정(일본사 전공)

IJS 서울대학교 일본연구소
Reading Japan **21**

일본 정치의 우경화
日本政治の右傾化

초판인쇄   2016년 6월 27일
초판발행   2016년 7월   5일

기   획   서울대학교 일본연구소
저   자   나카노 고이치(中野晃一)
역   자   고대성
발 행 처   제이앤씨
발 행 인   윤석현
등   록   제7-220호

주   소   서울시 도봉구 우이천로 353 성주빌딩 3F
전   화   (02)992-3253(대)
전   송   (02)991-1285
책임편집   이신
전자우편   jncbook@daum.net
홈페이지   http://www.jncbms.co.kr

ISBN 979-11-5917-018-8 03340
            정가 7,000원